Iris Schürmann-Mock

Wie so weit und still die Welt

Weihnachtserinnerungen

Iris Schürmann-Mock (Hg.)

Wie so weit und still die Welt

Weihnachtserinnerungen

Kaufmann Verlag

Bibliografische Information der Deutschen Bibliothek
Die Deutsche Bibliothek verzeichnet diese Publikation in der Deutschen Nationalbibliografie; detaillierte bibliografische Daten sind im Internet über http://dnb.ddb.de abrufbar.

1. Auflage 2014

Coverabbildung: © bittedankeschön – Fotolia.com
Druck und Bindung: CPI books, Ulm

ISBN 978-3-7806-3151-0

Inhalt

Erwartung

Freude

GEBORGENHEIT

Vertrauen

Hoffnung

ERWARTUNG

Der Abend kommt von weit gegangen

Der Abend kommt von weit gegangen
durch den verschneiten, leisen Tann.
Dann presst er seine Winterwangen
an alle Fenster lauschend an.
Und stille wird ein jedes Haus;
die Alten in den Sesseln sinnen,
die Mütter sind wie Königinnen,
die Kinder wollen nicht beginnen
mit ihrem Spiel. Die Mägde spinnen
nicht mehr. Der Abend horcht nach innen,
und innen horchen sie hinaus.

Rainer Maria Rilke

(geb. 1875 in Prag – gest. 1926 in Val Mont bei Montreux) Der deutschsprachige Dichter schrieb Gedichte, Erzählungen und einen Roman, verfasste theoretische Aufsätze zu Kunst und Kultur und arbeitete als Übersetzer. Sein bis heute andauernder Weltruhm ist vor allem seiner Lyrik zu verdanken. Gedichte wie „Der Panther“ haben einen festen Platz in Schulbüchern.

Die grosse Winterkomödie

Wenig Schnee, und folglich auch fast gar kein Schlittengeklingel und Peitschengeknall hatten wir dieses Jahr. Wie in allen großen protestantischen Städten spielt hier Weihnachten die Hauptrolle in der großen Winterkomödie. Schon eine Woche vorher ist alles beschäftigt mit Einkauf von Weihnachtsgeschenken. Alle Modemagazine und Bijouterie- und Quincaillerie-handlungen haben ihre schönsten Artikel – wie unsere Stutzer ihre gelehrten Kenntnisse – leuchtend ausgestellt; auf dem Schlossplatze stehen eine Menge hölzerner Buden mit Putz-, Haushaltungs- und Spielsachen; und die beweglichen Berlinerinnen flattern, wie Schmetterlinge, von Laden zu Laden, und kaufen und schwatzen und äugeln und zeigen ihren Geschmack und zeigen sich selber den lauschenden Anbetern. Aber des Abends geht der Spaß erst recht los; dann sieht man unsere Holden oft mit der ganzen respektiven Familie, mit Vater, Mutter, Tante, Schwesterchen und Brüderchen von einem Konditorladen nach dem andern wallfahrten, als wären es Passionsstationen. Dort zahlen die lieben Leutchen ihre zwei Kurantgroschen Entree und besehen sich con amore die „Ausstellung“, eine Menge Zucker- oder Drageepuppen, die, harmonisch nebeneinander aufgestellt, rings beleuchtet und von vier perspektivisch bemalten Wänden eingepfercht, ein hübsches Gemälde bilden. Der Hauptwitz ist nun, dass diese Zuckerpüppchen zuweilen wirkliche, allgemein bekannte Personen vorstellen. Ich habe eine Menge dieser Konditorläden mit durchgewandert, da ich nichts Ergötzlicheres kenne, als unbemerkt zuzuschauen, wie sich die Berlinerinnen freuen, wie diese gefühlvollen Busen vor Entzücken stürmisch wallen, und wie diese naiven Seelen himmelhoch aufjauchzen: „Nee, des ist scheene!“ Bei Fuchs waren in der heutigen Ausstellung Bilder aus Lalla Rookh, wie man sie voriges Jahr auf dem bekannten Hoffeste im Schlosse sah. Es war mir unmöglich, von dieser Herrlichkeit bei Fuchs etwas zu sehen, da die holden Damenköpfchen eine undurchdringliche Mauer bildeten vor dem viereckigen Zuckergemälde. Ich will Sie nicht langweilen, mein Lieber, mit der Beurteilung der Ausstellung bei allen Konditoren; der Kriegsrat Karl Müchler, der, wie man sagt, Berliner Korrespondent in der „Eleganten Welt“ ist, hat bereits in diesem Blatte eine solche Rezension geliefert.

Heinrich Heine

(geb. 1797 in Düsseldorf – gest. 1856 in Paris) Heine war einer der bedeutendsten Dichter des 19. Jahrhunderts. Seine „Reisebilder“, aus denen dieser Text stammt, begründeten seinen frühen Ruhm. Er schuf damit eine neue Form der Reiseliteratur, die politische Information, Gesellschaftskritik und persönliches Erleben verband.

Maultrommeln und Schmalzkuchen

Das schönste aber aller Ereignisse um die Weihnachtszeit herum war für uns Kinder der Weihnachtsmarkt! Am 10. Dezember, gerade an meinem Geburtstag, wurde er immer aufgebaut, und mir war es dann stets so zumute, als ob ich den ganzen Markt als Festgeschenk erhielte! Der Markt nahm mit seinen Buden den weiten Schlossplatz, auch den Lustgarten und hauptsächlich dann noch die Breite Straße ein, und wenn auch seine ganze Einrichtung eine ziemlich primitive war, so hatte er doch für die Kinderseele einen eigenartigen Zauber! Vor dem Hause, welches schon damals die Vossische Zeitung innehatte, in der Breiten Straße Nr. 8, stand die Pfefferkuchenbude der Firma Deska Reichel. Diese aufzusuchen, um sich ihre Weihnachtsvorräte an Pfefferkuchen zu besorgen, verschmähten selbst die Mitglieder des Königlichen Hofes nicht. Dort kaufte unser geliebter Kronprinz, der spätere Kaiser Friedrich, bis zum Jahre 1869 um die Weihnachtszeit stets persönlich seinen Honigkuchen. – Welch ein Leben und Treiben herrschte, besonders am Abend, in jenen Straßen! Da waren vor allem die Waldteufel! Sie ertönten nicht nur auf dem Christmarkte, sondern in allen Straßen der Stadt, und wenn wir ihr Brummen und Sausen draußen hörten, hüpfte uns das Herz vor Freude; denn nun wussten wir: Weihnachten ist nahe!

Außer den Waldteufeln gab es Knarren, Trompeten, Pfeifen; dann eine Menge von Ausrufern, welche mit lauter Stimme ihre Ware anpriesen – ein Mann mit einem Hahn in der Hand: „Vorne pickt er, hinten nickt er!“ Ein anderer, der den fleißigen Sägemann arbeiten ließ: „Alles, was hier bimmelt, bammelt, zippelt, zappelt – kostet nur einen Silbergroschen!“ Das alles einte sich auf dem Weihnachtsmarkt zu einer zwar die Ohren betäubenden, doch unser Kinderherz innig erfreuenden Musik, und dazu erfüllte der Geruch der frisch gebackenen Schmalzkuchen aus den Kuchenbuden die kalte, reine Winterluft. Besonders anheimelnd aber war der Duft der Honig- und der Pfefferkuchen! – An dieser Stelle will ich auch noch an die „Naute“ erinnern, eine Spezialität Berlins, welche damals eine Lieblingsspeise der kleinen Leckermäuler war. Diese „Nauten“ waren kleine Tafeln, die aus Sirup und Mohn hergestellt wurden, und von denen das Stück zwei Pfennige kostete. Wie manchen mühsam ersparten Pfennig habe ich in meiner Schulzeit für „Naute“ dahingegeben! Mit dem würzigen Geruch der Pfefferkuchen auf dem Christmarkte mischte sich dann herzerfrischend der harzige Duft der kleinen und großen Tannenbäume, die zum Verkauf ausgestellt waren!

Zu jener Zeit pflegte man in Berlin den Kindern zu Weihnachten statt des frischen Tannenbaums oft nur eine sogenannte „Pyramide“ aufzubauen, die man von einem Christfest bis zum anderen verwahren konnte. Es war dies ein Holzgestell mit buntem Papier und Goldglitter bedeckt; indessen in unserem Hause erschien zu Weihnachten stets ein wirklicher, frisch duftender Waldbaum, und zwar von fabelhafter Größe. Er musste bis an die Decke reichen, sonst hatte er in unsern Augen nicht den richtigen Wert.

Unter dem Baume in dichtem Laube waren dann die Weihnachtsschäfchen aufgestellt. Diese Schäfchen verkauften arme Kinder, die auf dem Weihnachtsmarkte in irgendeiner Ecke kauerten, spärlich nur in ihre dürftige Kleidung gehüllt, und die mit ihrem Körbchen am Arm fortwährend den klagenden Ruf ertönen ließen – durch all das Getöse und den Lärm um sie her: „Einen Dreier das Schäfchen! Nur einen Dreier!"

Oft war es bitterkalt, wenn wir so abends im Lichterglanz über den Weihnachtsmarkt wanderten; der Schnee knisterte unter unsern Füßen und im Frost verklammten uns die Finger, aber das fühlten wir nicht. Schnee und Kälte gehörten ja zu Weihnachten.

Agathe Nalli-Rutenberg

(geb. 1838 in Berlin – gest. 1919 in Schöneberg bei Berlin) Die Schriftstellerin und Lehrerin schrieb vor allem Erzählungen, Märchen und Gedichte. In ihren Erinnerungen „Das alte Berlin" setzte sie ihrer Heimatstadt ein Denkmal.

Der erste Schnee

Für die Zeiteinteilung der Erwachsenen, welche ihre Tage zu Wochen, Monaten und Jahren versammeln, und nach diesen, wie der Kalender es lehrt, vor- und rückwärts zählen, hat das Kind lange Jahre hindurch weder die Fähigkeit noch den Sinn. Es rechnet nach den Jahreszeiten und nach seinen Festen, und wer ihm diese Letzteren zu vermehren weiß, kommt seinem Gedächtnis ungemein zu Hilfe, während man dem Kinde dadurch zugleich den dunklen Horizont seiner Erinnerungen und seiner Zukunft mit lichten Sternen erhellt. An Festen aber waren wir sehr reich.

Neben den Geburtstagen und dem Hochzeitstag der Eltern, an denen immer Gesellschaft im Hause war, und für die wir von früh auf etwas lernen und tun mussten, hatten wir unsere eigenen Geburtstage zu feiern, und außer den allgemeinen Feiertagen noch den ersten Schnee und den ersten Adventssonntag, als Merksteine für unsere Kindheit.

Der erste Schnee fällt aber in Preußen oft schon in der ersten Hälfte des Oktobers, und wir konnten an nebligen und regnigen Tagen manchmal gar nicht von den Fenstern fortkommen, weil wir immer hofften, heute werde und müsse der erste Schnee fallen und dann werde am Abende, wenn der Vater heraufkäme, die „große Schachtel" gezeigt werden, die wir eben nur einmal im Jahre, nur beim ersten Schneefall zu sehen bekamen.

Ich glaube, kein ägyptischer Priester hat jemals sorgfältiger auf das Steigen des Nils geachtet als wir Kinder auf den Fall des ersten Schnees. War das Jahr mild oder trocken, ließ der Schnee auf sich warten, so reichte das leiseste Flöckchen in der Luft dazu hin, uns alle mit dem Ausruf: „Es schneit!", in die Wohnstube zu treiben.

Aber das half uns gar nichts und mit der Weisung, dass solch ein Gekrümel in der Luft nicht zähle und dass es ordentlich schneien müsse, ehe die Schachtel erscheinen könne, wurden wir zu neuem Warten, zu neuem Hoffen und dadurch zu erhöhter Freude gesteigert, wenn dann wirklich die weißen, dicken Flocken in reicher Fülle von dem dunklen Himmel niederfielen, wenn die schwarzen, durchregneten Straßen, wenn die Dächer und die Wolme und die Bleche vor den Fenstern sich dick mit Schnee bedeckten, aus dessen weißem Glanze uns die Aussicht auf die ersehnten Herrlichkeiten entgegenblinkte.

„Ist's bald sieben Uhr?", fragten die Kinder dann den ganzen Nachmittag, während zum ersten Male in dem Jahre die Äpfel zum Braten in die Röhre gelegt wurden, und ihr Schmoren und ihr Duft die beginnende Feier verkündeten. Die Zeit wurde uns immer erschrecklich lang, aber nicht eine Minute davon wurde uns erlassen, und erst um sieben Uhr gingen wir hinunter, wo die Eltern dann schon die „Schachtel" herausgenommen und auf den Tisch vor dem Sofa hingestellt hatten.

Und was war, was enthielt diese Schachtel, auf die wir uns durch ein ganzes Jahr hindurch freuten, die wiederzusehen mir Vergnügen machte, als ich schon zwölf, dreizehn Jahre alt und sehr verständig war, und aus welcher irgendein Stück vor Augen zu bekommen mir heute das Herz mit großer Rührung füllen würde?

Die Schachtel war nichts als eine kleine Seitenschieblade aus dem Sekretär meines Vaters und sie enthielt nichts als einige Angedenken, welche er darin aufbewahrte. Es lag darin ein rotes Maroquinbuch, in dem unsere Geburtstage, unsere Krankheiten, der Anfang unseres Schulbesuchs – mit einem Worte die Hauschronik verzeichnet war. Es lagen darin in goldenen Kapseln die Bilder meiner Eltern als Brautleute gemalt, ein Hochzeitscarmen meiner Eltern, ein grünseidener, mit einer Inschrift versehener Vorhang, der unser Bild verhüllt hatte, als die Mutter es dem Vater zum Geburtstag geschenkt.

Es lagen darin einer jener silbernen Becher, die zum Andenken der Schlacht von Kunersdorf aus Rubeln gefertigt worden waren; es lagen darin Gedichte, welche August Lewald bei meinem ersten Geburtstage an die Eltern gerichtet, desgleichen Brieftaschen, Börsen, Uhrbänder, welche Schwestern und Bekannte meinem Vater gehäkelt und gestickt und die er nie getragen hatte, – kurz, es lagen Kleinigkeiten darin, wie jede nur einigermaßen bemittelte Familie deren ähnliche besitzt, es lag ein Schatz darin, den jede Familie sich für ihre Kinder ansammeln kann, wenn sie den Sinn hat, ihren Kindern auf die leichteste Weise unvergessliche Freuden zu bereiten.

Unsere ganze kleine Vergangenheit wurde uns von den Eltern vor dieser Schieblade unwillkürlich rekapituliert. Wir hörten es mit Entzücken, an welchem Tage und in welcher Stunde wir geboren worden waren. Wir amüsierten uns damit, wie schlecht wir noch im vorigen Jahre die Gratulationsgedichte zu der Eltern Geburtstagen geschrieben, wir lernten die Jugendfreunde und Bekannten der Eltern an den kleinen Angedenken kennen, und was mehr als dies alles war: Wenn wir die ersten Bratäpfel verzehrten, hatten wir das Bewusstsein, ein großes Fest gefeiert zu haben, und fingen in aller Stille an, uns schon wieder auf den ersten Schnee des nächsten Jahres zu getrösten.

Unsere Freude an dem ersten Adventssonntage hatte einen noch viel geringeren Anlass. Sie beruhte auf einem kleinen Spielzeug, welches aus zwei auf grobe Holzsplitter gesteckten vergoldeten Äpfeln bestand, die mit ein paar Sträußchen Buchsbaum und einem oder zwei aus grobem Ton geformten Vögelchen verziert waren, welche aber nur die Phantasie von Kindern für Vögel zu halten imstande war.

Die ganze Pyramide kostete vielleicht sechs Pfennige, aber – und darauf beruht ein großer Teil der Freude in dem Kinde – wir liebten sie, weil sie nur in der Adventswoche zu kaufen war, weil wir sie alle Jahre zum ersten Advent geschenkt bekommen hatten, weil wir sicher waren, dass man sie uns immer wieder schenken würde, und weil sie uns auf solche Weise überhaupt zu einem Sinnbild der herannahenden Weihnachtszeit geworden war.

Sie war uns eine wundervolle Verkündigung und der Engel, welcher mit seinem Lilienstängel vor der Jungfrau erschien, um ihr die Geburt des Erlösers zu verkünden, konnte sie nicht glücklicher machen als uns der Anblick unserer Eltern, wenn sie abends, vom Ausgehen heimkehrend, uns die ersten Pfeffernüsse und die Apfelbäumchen in das Zimmer brachten. Es umfloss sie ein wahrer Goldglanz von Hoffnungen, alles, was wir erwünschten und erwarteten, trat in unsern Gesichtskreis, und nun, von diesem ersten Adventssonntage ab, fingen wir zu zählen an, bis endlich mit dem Weihnachtsabende die helle Glückssonne für uns aufging, deren Strahlen uns durch das ganze Jahr nicht zu leuchten aufhören sollten.

Fanny Lewald

(geb. 1811 in Königsberg – gest. 1889 in Dresden) Aus Rücksicht auf ihre Familie veröffentlichte Lewald ihre ersten Romane anonym. Gegen viele Widerstände versuchte sie später ihren Lebensunterhalt als Schriftstellerin zu bestreiten und setzte sich für Bildung und Berufstätigkeit von Frauen ein.

Wie ich mich auf Weihnachten freue

Pforta, 5. Dezember 1861

Liebe Mamma! oder Liebe Lisbeth! wer gerade den Brief zuerst liest.

Du konntest Dir denken, dass ich mich nach so vielen Veränderungen meiner Wünsche noch einmal anders entschließen könnte, und so ist es denn auch wirklich gekommen. Ich bin auch wieder zur Musik zurückgekehrt, denn ich kann mir eine Bescherung gar nicht recht ohne etwas Musikalisches denken. Ich hoffe, die Wahl ist gut, auch für Dich. Ebenso ist das Buch höchst interessant, vielleicht auch für Dich. Auf der andern Seite werde ich beides so aufschreiben, dass der abgerissne Zettel dem Buchhändler gezeigt werden kann. Eine Änderung ist jetzt gar nicht mehr möglich, schon der Zeit wegen nicht. Der Gedanke kam mir über Nacht, denn ich schwankte sehr heftig. (…)

Sonnabend über zwei Wochen! Es ist ein entzückender Gedanke! Ihr glaubt nicht, wie ich mich auf Weihnachten freue, das wunderschöne Weihnachten! Jetzt sind noch ziemlich arbeitsvolle Wochen. Aber dann! Sonnabend früh als nur irgend möglich, komme ich, es wird herrlich! Nicht wahr, der Onkel Burkhardt ist mit den kleinen Kusinen doch auch mit da? Ist die Mamma wieder zurückgekommen? Schreibt mir nur recht bald! Euer Fritz

Eine große Neuigkeit! Heute ist Donnerstag und morgen wird deshalb – Freitag sein! – Wir verreisen doch nicht etwa Weihnachten? Vorigen Sonntag bin ich noch etwa sieben Minuten bei Gustav gewesen, der mich dann nach Pforta begleitete. – Erkältungen sind jetzt überaus häufig. Die Krankenstube ist übervoll, es sollen neue Räume eingerichtet werden, Breithaupt ist auch drüben. Ich leide an Heiserkeit und Schnupfen. Weihnachten macht alles gut! Übrigens habe ich noch einen Wunsch, nämlich irgendeine Photographie eines lebenden berühmten Mannes, z. B. Liszt oder Wagner, oder eine Photographie aus dem Shakespearealbum des berühmten Kaulbach (z. B. zu Macbeth), eine einzelne kostet allerdings 17 ½ Srg. Es soll eine Zierde für mein Album sein. Sie sind großes Format. Ihr seht jedenfalls, dass ich die mannigfachsten Wünsche habe. Ihr müsst mir nun aber auch so schreiben, was Ihr Euch wünscht.

Friedrich Nietzsche

(geb. 1844 in Röcken – gest. 1900 in Weimar) Nietzsche war ein klassischer Philologe und wurde nach seinem Tod als Philosoph berühmt. Zusätzlich dichtete und komponierte er. Der Brief war an seine Mutter und seine Schwester gerichtet.

Ich weiss etwas vom Christkind

Endlich war er da, der ersehnte erste Advent. Wie herrlich war es, wenn an diesem ersten der vier Sonntage vor Weihnachten Mutter am Abend mit schönen weißen Papierbögen hereinkam, diese mit einem langen Papiermesser in Streifen schnitt und sagte: „Kinder, jetzt werden die Wunschzettel geschrieben!“

Jedes von uns bekam einen Bleistift und nun ging es los, das Besinnen, das eifrige Schreiben, bis das Papier kaum reichen wollte und wir ganz rote Köpfe hatten. Was hatten wir für Wünsche! Wünsche der unsagbarsten Art, von „Für einen Sechser Bärendreck (Süßholzsaft)“, bis zu einem Hund oder Geißbock oder gar zu einem Brüderchen oder Schwesterchen. Und während man seine Phantasie walten ließ, war's schon fast so, als besäße man bereits alle diese Dinge; so leuchtend und greifbar standen sie vor einem.

Wenn Mutter die Zettel einsammelte und durchlas und lachend da und dort durch die verwegensten Sachen einen Strich machte und sagte: „Wie könnt ihr dem Christkind zumuten, so was Schweres, Großes oder gar Zappelndes zu tragen“, so waren wir's auch zufrieden. War's ja doch schön gewesen, sich überhaupt Derartiges auszudenken. Bei Mutter wussten wir unsere Wunschzettel in besten Händen, denn dass sie und das Christkind in enger Verbindung standen, war unser fester Glaube. Wie hätte sie denn auch sonst so oft und ernst sagen können: „Wenn du so bist, so betrübst du das liebe Christkind." Oder aber lustig: „Ich weiß etwas vom Christkind – na Kinder, ihr könnt euch freuen; aber ich darf nichts verraten!"

Und wie wurde dieses Freuen gesteigert! Nach jedem Ausgang, den sie machte, lag ein Stückchen Goldpapier auf dem Boden, das wohl das Christkind verloren hatte, oder wir bekamen ein kleines Bonbon aus „der Tüte des Christkinds" – oder aber, das war das Wunderbarste, was geschehen konnte, es scholl aus der Tiefe ihrer schwarzen Ledertaschen heraus plötzlich ein kleiner Trompetenstoß oder ein Harmonikaton, der sofort wieder verstummte und einfach nicht mehr zu erwecken war.

Das Schönste in diesen Wochen blieb aber das geheimnisvolle Arbeitendürfen für andere. Oh, diese Abende voll Überlegens und Besprechens, voll Geheimnistuerei, was die Eltern anbelangte und wieder untereinander! Mutter hatte etwas Prächtiges ersonnen! Damit wir ja unsere kleinen Geheimnisse gut hüten konnten, wurden im Wohnzimmer vermittelst einer spanischen Wand und verschiedener Ofenschirme kleine Kojen gemacht. Hier durften wir, gesichert vor neugierigen Blicken, basteln und arbeiten. Freilich nicht immer ging's friedlich zu, wenn begehrliche Hände herübergriffen nach dem Leim, dem Radiergummi oder der Schere. Aber die Hauptsache: Man konnte die Überraschungen für die Eltern hier in Muße ausarbeiten.

Man brauchte aber auch Ruhe und Ungestörtsein; denn es war feste Regel, dass kein Geschenk mehr kosten dürfe als drei Kreuzer und dass es etwas Selbstgefertigtes sein musste. Da galt's, seinen ganzen Verstand und sein Können zusammenzunehmen; aber es entstanden auch die wunderbarsten Kunstwerke: kleine, geklebte Schächtelchen mit der Inschrift „aus Libe" darauf; ein aus einem Bilderbogen ausgeschnittener Reiter, der einen Bleistift als Lanze und eine Stopfnadel als Säbel hatte; rührende Stecknadelkisschen mit aus Wolle gehäkelten Spitzchen darum; gestrickte Läppchen, mit welchen Vater sein Rasiermesser abputzen sollte, und aus Perlen eingefasste Ringe.

Beneidenswert prachtvoll schien uns auch die Arbeit einer meiner Schwestern. Sie hatte sich eine Locke abgeschnitten und diese unter ein von Papier ausgeschnittenes Netz geklebt. Zog man dieses in die Höhe, so wurde die blonde Locke sichtbar, was wir nie genug bewundern konnten, und außen herum hatte sie noch kleine Blümchen von buntem Papier aufgeklebt. Ob wohl je in irgendeiner Werkstätte der Welt mit so viel Hingebung und Glück im Herzen gearbeitet wurde wie hier?

Und dicht dabei, nur über eine Wand hinüber, saßen die Eltern. Vater las die Zeitung, Mutter hinwiederum tat auch etwas, was wir unsererseits nicht sehen durften – sie machte neue Kleidchen für unsere Puppen. Das ahnten wir und gespannt lauschten wir auf das Rascheln der Schere und auf das Knistern der Seide. Zum Entzücken aber war es, wenn plötzlich über dem Rand der spanischen Wand blitzartig ein Puppenköpfchen erschien, von dem wir zu unserem Jammer aber kaum die Umrisse erkennen konnten. Oder wenn auf einmal drüben solch ein Puppenkind sich vergaß und einen quiekenden Ton von sich gab oder gar „Papa – Mama“ sagte. Geheimnisse, Geheimnisse ...

Tony Schumacher

(geb. 1848 in Ludwigsburg – gest. 1931 in Ludwigsburg) Erst mit vierzig Jahren begann die Tochter aus vornehmem Haus Kinderbücher zu schreiben. Bald wurde sie zu einer der angesehensten Autorinnen ihres Genres. In den 1980er-Jahren wurden einige ihrer Bücher, u. a. „Das Turmengele“, verfilmt.

Unter dem Tannenbaum

Ich wusste es wohl, in solchen Päckchen steckte ein Stück leibhaftigen Weihnachtens; denn der Onkel hatte einen Bruder in Hamburg und er trat nicht mit leeren Händen an den Tannenbaum. So nie gesehenes, märchenhaftes Zuckerzeug, wie er mitten in der Bescherung noch mir und meiner Schwester auf unsere Weihnachtsteller zu legen pflegte, ist mir später niemals wieder vorgekommen.

Bald darauf steige ich an der Hand des Onkels die breite Steintreppe zu unserem Hause hinauf. Ein paar Augenblicke verschwindet er mit seinen Päckchen in die Weihnachtsstube; es ist noch nicht angezündet, aber durch die halb geöffnete Tür glitzert es mit entgegen aus der noch drinnen herrschenden, ahnungsvollen Dämmerung. Ich schließe die Augen, denn ich will nichts sehen, und trete in das gegenüberliegende, festlich erleuchtete Zimmer, das ganz von dem Duft der braunen Kuchen und des heute besonders fein gemischten Tees erfüllt ist. Die Hände auf dem Rücken, mit langsamen Schritten, geht mein Vater auf und nieder. „Nun, seid ihr da?“, fragt er stehen bleibend. – Und schon ist auch Onkel Erich bei uns; mir scheint, die Stube wird noch einmal so hell, da er eintritt ...

Dies harmlose Geplauder. Es klingt mir noch lieb in der Erinnerung, und mir ist, als verstände das jetzt niemand mehr. – Aber während der Onkel so erzählt, steckt plötzlich meine Mutter, die seit Mittag unsichtbar gewesen ist, den Kopf ins Zimmer. Der Onkel macht ein Kompliment und bricht seine Geschichte ab; die Tür und die gegenüberliegende Tür werden weit geöffnet. Wir treten zögernd ein; und vor uns, zurückgestrahlt von dem großen Wandspiegel, steht der brennende Baum mit seinen Flittergoldfähnchen, seinen weißen Netzen und goldenen Eiern, die wie Kinderträume in den dunklen Zweigen hängen.

Theodor Storm

(geb. 1817 in Husum – gest. 1888 in Hademarschen) Zwölf Jahre lang musste der Jurist und Poet Storm aus politischen Gründen seiner geliebten Heimatstadt Husum fernbleiben. In dieser Zeit entstand seine Erzählung „Unter dem Tannenbaum“, die er nach eigener Aussage „mit großer Herzenswärme zu Papier“ gebracht hat.

FREUDE

Weihnachten

Markt und Straßen stehn verlassen,
Still erleuchtet jedes Haus,
Sinnend geh ich durch die Gassen,
Alles sieht so festlich aus.

An den Fenstern haben Frauen
Buntes Spielzeug fromm geschmückt,
Tausend Kindlein stehn und schauen,
Sind so wunderstill beglückt.

Und ich wandre aus den Mauern
Bis hinaus ins freie Feld,
Hehres Glänzen, heilges Schauern!
Wie so weit und still die Welt!

Sterne hoch die Kreise schlingen,
Aus des Schnees Einsamkeit
Steigt's wie wunderbares Singen –
O du gnadenreiche Zeit!

Joseph von Eichendorff

(geb. 1788 auf Schloss Lubowitz bei Ratibor – gest. 1857 in Neisse) Der romantische Dichter gehört zu den berühmtesten Lyrikern Deutschlands. Er schrieb jedoch auch Romane, Novellen und Theaterstücke. Rund 5.000 Mal wurden seine Gedichte, darunter auch „Weihnachten", von namhaften Komponisten vertont.

LEBENSERINNERUNGEN

Dass Weihnachten unter den Festen der Glanzpunkt war, ist selbstverständlich. Etwa sechs Wochen vorher erschienen in den Bäckereien die ersten Vorzeichen: „Heiligenchristzeug", ein Gebäck, das noch heute für mich der Inbegriff aller weihnachtlichen Gerüche, Geschmäcke und Gefühle ist; „braune Kuchen" kamen erst in zweiter Reihe.

Das allerbeste gab es bei Bäcker Schütte in der Schüttingstraße. Es war mit allerlei altertümlichen Formen ausgestochen; wir hatten besondere Lieblinge darunter: Josua und Kaleb mit der Weintraube und den Elefanten. Ich bin nicht sicher, ob nicht der gerade bei diesen Figuren besonders ansehnliche Flächeninhalt dabei mitsprach; ein niedliches Pärchen, das in einer Laube saß, wurde selten gewählt, es wies zu viel Höhlungen auf.

Ein weiteres Vorzeichen waren die Weihnachtsarbeiten, aber ein weniger erfreuliches. Ich hatte drei Tanten zu besticken und für meinen Vater ein paar Socken zu stricken, wobei mir seine Füße immer endlos lang vorkamen. Aber jeder Versuch, beim Messen zu „recken", wurde von Fräulein Lambrecht unbarmherzig vereitelt.

Obwohl im Allgemeinen eine „präparatorische Natur", die gern rechtzeitig alles fertig hat, war ich doch immer noch im allerletzten Augenblick mit den unglückseligen Weihnachtsarbeiten beschäftigt. Das half dann freilich die fürchterliche Ungeduld dämpfen, mit der man das Klingeln zur Bescherung erwartete. Sie war bei uns recht bescheiden, aber nie hätten wir das empfunden. Da war ja der Mittelpunkt: das Buch! Daneben trat all das Notwendige und Nützliche, das sonst noch dalag, in den Hintergrund. Wir machten uns auch nie klar, dass wir Kleider und Handschuhe, Taschentücher und Strümpfe auch so im Lauf des Jahres hätten haben müssen; es war doch so ganz anders, wenn es unter dem Tannenbaum lag. Aber das Buch war die Hauptsache.

Ich habe nie eines jener albernen Backfischbücher bekommen, die zu meiner Zeit schon anfingen, den jungen Mädchen den Magen zu verderben, auch nie „Herzblättchens Zeitvertreib“ oder Thekla von Gumperts „Töchteralbum“, auch nicht „Hundert moralische Erzählungen“, aus denen man doch immer nur die Geschichten von den ungezogenen Kindern heraussuchte. Erst waren es Märchen und Sagen in schönen illustrierten Ausgaben, die ich bekam, dann Geschichtliches, dann Körner, Uhland, Hölty und was sonst meinem Verständnis erreichbar schien.

Das war denn eine Weihnachtszeit! Hatte man sein eigenes Buch „durch“, was unter Umständen schon am zweiten Weihnachtstag der Fall sein konnte, so kamen die Bücher der Brüder an die Reihe. Die Indianerbücher waren nicht in dem gleichen Grade verpönt wie die Backfischbücher, und man genoss sie aus Herzensgrund. Dazwischen ging man an den Tannenbaum, den wir weniger nach seiner Schönheit als seinem reellen Gehalt schätzten. Am Ersten war er an der weniger der Kontrolle ausgesetzten Rückseite leer gegessen: Dann rissen allmählich alle Bande frommer Scheu, und wenn es am Silvesterabend zum offiziellen „Plündern“ kommen sollte, war das gewöhnlich zu einem rein formalen Begriff geworden.

Die Poesie der Weihnachtsgeschichte bedeutete mir etwas, besonders in späteren Jahren. Aber der Brauch meines Elternhauses, an solche Dinge nicht zu rühren, entsprach ganz meinem Gefühl; innerliche Dinge machte man auch innerlich ab. Wenn die Schule daran rührte, so ging das noch, daran war man auch schließlich gewöhnt. Aber Feierlichkeit im Elternhause empfand man peinlich, fast als eine Preisgebung. Gefühlsäußerungen gehörten überhaupt bei uns nicht zu den Familiengewohnheiten; ich habe einmal Tränen in den Augen meines Vaters gesehen: An dem Morgen, als meine Mutter beerdigt wurde, und erinnere mich auch nur einmal, dass er mich geküsst hat, als ich von einer längeren Reise zurückkam; es machte mich sehr verlegen.

Es ist keine bloße Ideenassoziation, wenn ich an die Weihnachtszeit noch die Erinnerungen an die glorreiche Schnee- und Eiszeit knüpfe, sondern es gehört ganz logisch in dieses Kapitel, denn eigentlich war diese ganze Zeit ein Fest. Ich weiß nicht, waren damals wirklich die Sommer sonniger und die Winter winterlicher als heute? Jedenfalls erinnere ich mich an einen Winter, wo schwere Frachtwagen über die Hunte fuhren, und eigentlich an keinen, wo wir nicht „glitschen“ oder Schlittschuh laufen konnten, oder nicht eine Zeit lang unseren Schulweg durch hohe Schneedämme an den Straßenkanten machten.

Helene Lange

(geb. 1848 in Oldenburg – gest. 1930 in Berlin) Die Pädagogin, Ehrenbürgerin der Stadt Oldenburg, ist eine Symbolfigur der Frauenbewegung. Sie setzte sich vor allem für Bildung und Berufsmöglichkeiten von Frauen ein und gründete Schulen, in denen Mädchen und Jungen die gleichen Chancen hatten. Der Text ist ihren „Lebenserinnerungen" entnommen.

So feierten wir Weihnachten

Wir wohnten ganz einsam, einen Kilometer vom Dorf entfernt, zwischen Wiesen, Feldern und Wäldern des Adlergebirges, fünfhundertfünfzig Meter über dem Meeresspiegel. Von Anfang Dezember bis Mitte März bedeckte Schnee unsere Landschaft und oft stürmte es so, dass sich weiße Wehen über die Fenster unseres kleinen Holzhauses legten. Dann blieb es finster in der Wohnküche, bis der Vater den Schnee wegschaufelte.

Die Schule konnten wir nur auf Schneeschuhen erreichen. So hießen bei uns die Skier. Allerdings waren sie mit den heutigen Skiern kaum zu vergleichen. Sie hatten noch Riemenbindungen, die man nicht aufbekam, weil man klamme Finger hatte oder weil die Riemen steinhart gefroren waren. Dann musste schon der Herr Oberlehrer mithelfen, die Kinderfüße aus den Bindungen zu befreien, vor allem bei den Jüngsten.

Wir waren arm und so ein kalter Winter kam teuer: Wir brauchten ja hohe Schuhe, warme Kleidung, Schneeschuhe und Schlitten, Holz und Kohle und die Natur gab nichts Essbares her. Aber man wusste ja, dass der nächste Winter bestimmt kommen würde, und sorgte vor. Und so kam man jedes Jahr doch immer wieder knapp „über die Runden“ und atmete auf, wenn die kalte Zeit vorüber war. Eine triste Zeit – wenn das Weihnachtsfest nicht gewesen wäre. Das leuchtete und wärmte.

Weihnachten: Ein Fest, das es sozusagen aus voller Brust zu feiern galt, ohne dass es viel kosten durfte. Dieses Kunststück gelang nicht nur meinen Eltern bravourös. Wir Pausewang-Kinder – damals waren wir erst zu dritt – vermissten nichts und hielten unseren Heiligabend für unübertrefflich, zumal wir ihn doppelt feierten.

Er sah so aus: Zu Mittag gab es nur Wassersuppe. Das war ein uraltes Fastengericht armer Leute in unserer Gegend. Wasser mit ein paar Fettaugen, einer reichlichen Portion fein gehackter Knoblauchzehen und einigen Brotwürfeln. Mit der Gabel quetschte man Pellkartoffeln hinein. Diese Suppe machte nicht satt. Aber das sollte sie ja auch gar nicht.

Danach mussten wir eine Stunde ins Bett – was wir an keinem anderen Tag des Jahres mussten. Aber es sollte ja ein besonders langer Tag werden und da ließ sich diese Maßnahme einsehen. Außerdem brauchten unsere Eltern die Stunde unserer Abwesenheit, um unsere Wohnküche für die Bescherung herzurichten. Natürlich schliefen wir nicht. Dazu waren wir viel zu aufgeregt. Nach einer Stunde erschien die Mutter und legte jedem von uns ein Häufchen frischer Wäsche und ein Sonntagskleid hin. Drei Mädchen waren wir ja. Die Jungen waren noch nicht da. Das Kleid, das ich an diesem Abend tragen sollte, hatte ich von meiner vier Jahre älteren Cousine geerbt. Meine beiden Schwestern trugen Kleider, die mir zu klein geworden waren. Trotzdem kamen wir uns wunderschön und wie neu vor.

Inzwischen war es etwa drei Uhr geworden. Wir machten uns auf den Weg ins Dorf, zu den Großeltern. Die beiden Jüngsten zog der Vater auf dem Schlitten. Die Großeltern erwarteten uns schon, denn wir feierten mit ihnen zusammen. Unseretwegen begann die Bescherung, sobald sich der erste Stern am Winterhimmel sehen oder – bei trübem Wetter – erahnen ließ. Aber vorher gab es noch ein großartiges Essen: Malzkaffee mit ein paar Bohnen darin, dazu Apfelstrudel. Echter böhmischer – das beste aller uns bekannten Gerichte.

Während der Großvater, ein hagerer Mann mit einem langen, weißen Bart, geheimnisvoll im Bescherungszimmer neben der Küche raschelte, drückten wir Kinder unsere Nasen ans Fenster. Sahen wir einen Stern blinken, riefen wir den Großvater herbei. Kurz darauf bimmelte das Glöckchen und die Tür zum Schlafzimmer der Großeltern öffnete sich. Eine bunt geschmückte Tanne strahlte auf dem großen Tisch, auf dem allerlei Päckchen auf uns warteten.

Meistens verschenkte der Großvater ein Erzeugnis seiner Holzwerkstatt. Einmal war's ein bunter Papagei, der dank seines bleibeschwerten Schwanzes unaufhörlich wippte. Ein andermal ein Stühlchen mit Vornamen, eingeschnitzt in die Rückenlehne. Und einmal sogar ein Schaukelpferd, das uns drei Schwestern zusammen gehören sollte. Ein richtiges großes Schaukelpferd mit kunstvoll geschnitzter Mähne.

Aber alles das war nichts gegen die „Geburt". Sie hing, annähernd fünf Meter lang, über den Betten der Großeltern: Eine stufenartige Holzkonstruktion, auf der die Geburt Jesu und die Anbetung der Könige in zahllosen kleinen, handgeschnitzten Figuren zu bewundern waren; samt selbst gebastelten Bäumen und Laubsägehäusern, nicht größer als eine reichliche Handspanne. Da weideten Schafherden, zogen Kamelkarawanen durch die Landschaft, trugen Frauen Krüge auf den Köpfen, marschierten und ritten römische Soldaten durch die Stadt Jerusalem. Immer wieder stieß man auf etwas, was man bisher noch nicht entdeckt hatte!

Fast alle Familien unserer Gegend besaßen so eine handgeschnitzte Krippe, die oft schon von Generation zu Generation vererbt worden war. Auch bei uns zu Hause unter unserem Weihnachtsbaum stand eine, aber eine ganz kleine, bescheidene. Im Adlergebirge gab es viele Krippenschnitzer. Mit dieser Heimarbeit verdienten sich arme Leute während der Wintermonate ein Zubrot. Die Krippe unserer Großeltern war jedenfalls die größte und schönste weit und breit.

Es wurde gestaunt, bewundert, gedankt. Im Kreis um den Baum sangen wir „Stille Nacht, heilige Nacht“ und „Ihr Kinderlein kommet“. Nur die Großmutter sang nicht mit, weil sie unmusikalisch war. Unsere Mutter sang die zweite Stimme.

Dann machten wir uns wieder auf den Weg, diesmal in umgekehrter Richtung. Wenn wir Pech hatten, stürmte und schneite es fürchterlich. Das Wetter nahm keine Rücksicht auf den Heiligen Abend. Und so kamen wir meistens halb erfroren und schneeüberstäubt daheim an und mussten erst einmal langsam auftauen, bis wir bereit waren für die nächste, die eigentliche Bescherung. Denn so schön es bei den Großeltern auch zu sein pflegte: Es war nicht unsere Bescherung!

Während die Eltern in der Wohnküche die Kerzen anzündeten, warteten wir Kinder im Flur und schnüffelten: Roch es schon nach Weihnachten, nach Plätzchen, Fichtennadeln und Wachs? Das Glöckchen bimmelte, die Tür ging auf. Da stand sie, die große Fichte, die der Vater aus dem Wald geholt hatte, und strahlte ganz in Weiß. Sie war nur mit weißen Kerzen und Silberlametta geschmückt. Dass das Lametta schon viele Jahre als Baumschmuck gedient hatte und auch nach diesem Fest wieder behutsam abgenommen und für das nächste aufgehoben werden würde – warum sollte uns das stören?

Wir durften noch nicht auf unsere Geschenke zustürmen. Erst wurde gesungen. Diesmal waren es nicht Lieder, die jeder am Weihnachtsabend sang, sondern

Anspruchsvolleres: „In dulci jubilo“ und „Es ist ein Ros’ entsprungen“ und „Der Heiland ist geboren“. Die Mutter begleitete unsere Lieder auf der Laute, die sie noch aus ihrer Jungmädchenzeit hatte.

Aber unsere Geduld wurde nicht zu sehr beansprucht. Während der Vater die Kerzen im Auge und den nächtlichen Sturm im Ohr behielt, zeigte uns die Mutter die Plätze unserer Geschenke. Sie lagen auf dem Tisch, voneinander abgeteilt durch Reihen kleiner Tannenzweige. Allerdings gab es jetzt für uns Kinder noch einen kleinen Aufschub: Jedes lief schnell hinaus, holte die Geschenke für Vater, Mutter und Geschwister und teilte sie aus. Ich erinnere mich an mühsam gestrickte Pulswärmer für den Vater, einen Topflappen für die Mutter, Tintenwischer und selbst gezeichnete Malbücher für die Schwestern. Wir ernteten Freude und Dank und freuten uns.

Und was erwartete uns auf unseren Geschenkplätzen? Die alte Puppe hatte einen neuen Kopf bekommen. Auch das Kleid, das sie trug, war neu. Da war auch ein Bogen mit „Modepuppen“, die man ausschneiden und mit verschiedenen, ebenfalls ausgeschnittenen Kleidern belegen konnte, und da stand eine Puppenstube, die der Vater gebastelt hatte. Nur die beiden Püppchen hatte die Mutter kaufen müssen. Aber die waren so klein, dass sie fast nichts gekostet hatten.

Auf den Plätzen meiner Schwestern standen eine Puppenwiege, vom Vater geschreinert, von der Mutter mit Matratze und Kisschen ausgestattet, und ein ganzes buntes Dorf aus Holzabfällen: Kirche, Schule,

Häuser, dazu Bäume und Zäune, Menschen und Tiere, alles bemalt. Nie fehlten selbst gefertigte Pantoffeln und handgestrickte Mützen, Handschuhe und Socken, meistens aus aufgeribbelter Wolle. Sogar Hampelmänner und Schmusetiere konnte die Mutter nähen – Geschenke für die Jüngsten. Fast immer fand sich auch ein Buch für mich. Kein neues. Eines aus der Kindheit meiner Mutter oder ihrer Schwester, der Tante Hilde.

Ein Teller Gebäck stand auf jedem Platz: Haferflockenmakronen, Mürbeteiggebäck, Pfefferkuchen. Darin steckten die meisten Kosten des Weihnachtsfestes! Wir aßen mit Überlegung; denn hielten wir uns heute zurück, hatten wir morgen und übermorgen noch was zu knabbern.

Dann kam der letzte Höhepunkt: das Auspacken der Pakete. Das eine kam von einer Tante und enthielt zu klein gewordene Kleidung und Schuhe ihrer Kinder – Sachen, auf die wir dringend angewiesen waren. Das zweite kam von der anderen Großmutter, der in Saarbrücken, und barg Köstlichkeiten, die uns in Entzücken versetzten. Lauter neue Sachen: ein leuchtendbunter Gummiball für jeden, eine Mundharmonika, eine Micky Maus zum Aufziehen, ein Springseil. Oder eine Sparbüchse. Oder ein Buch, das noch ganz neu duftete. Und immer einige Bögen der geliebten Modepuppen. Damit war die Bescherung zu Ende. Wir setzten uns vor den Baum und sangen noch einmal – schöne, alte Weihnachtslieder. Auch einheimische im Dialekt der Adlergebirgler. Auch Kanons. Meistens nickten die jüngeren Schwestern während der Lieder langsam ein. Der Tag war ja so lang und so aufregend gewesen!

Aber noch stand eine wichtige Sache aus: Der Vater ging in die Speisekammer, holte einen Brotlaib heraus, schnitt drei Scheiben ab, nahm drei Äpfel und ging mit uns in den Stall hinaus, in dem jetzt eine wohlige Wärme herrschte. Die drei Ziegen meckerten verwundert. Der Vater reichte jedem eine Scheibe Brot und einen Apfel und jeder von uns fütterte eine Ziege. Auch sie sollten merken, dass Weihnachten ist!

Während draußen der Sturm heulte, verkrochen wir uns in die Betten, im eiskalten Zimmer – die glücklichsten Kinder der Welt.

Gudrun Pausewang

(geb. 1928 in Wichstadtl, Tschechoslowakei) Die Schriftstellerin schreibt Bücher für Erwachsene und für Kinder. Sie erhielt zahlreiche Auszeichnungen – unter anderem den Deutschen Jugendliteraturpreis für „Die Wolke“. Eines ihrer Hauptthemen sind die Risiken der Nukleartechnologie.

Welch ein Zauber liegt in diesem Wort

Weihnachten! Welch ein Zauber liegt in diesem Wort! Mir ist es immer, als öffnete sich damit der Blick in den Sternenhimmel und die Freude funkelte herab, auch in die Dunkelheit trüber Zeiten. Man stellt seine Sorgenlast für eine Weile beiseite und befreit seine Seele, damit sie hell dastehe, frei vom Alltagsstaub, und das Licht aufnimmt und widerstrahlt, Liebe empfängt und Liebe gibt. In wie viele Herzen, die von der Not des Lebens dunkel geworden sind, strahlt das Licht der Weihnachtsfreude, lehrt sie aufschauen und wieder an das Licht glauben, wie viele Ohren, die sich verschlossen hatten, tun sich auf bei dem Klang der Weihnachtsglocken und horchen auf die Frohe Botschaft, die uns allen verkündigt wird. Kommt auch bald wieder der Alltag zu seinem Recht, kommen auch die dunklen Zeiten wieder, erlischt die Freude in manchem Leben ganz, man hat doch immer wieder ins Licht schauen dürfen, man hat den Klang der Weihnachtsglocken gehört, man war doch wieder einmal froh gewesen und hatte Liebe gegeben und empfangen. – Gesegnet sei darum unser liebes Weihnachtsfest! –

Wir lebten in einer kleinen Stadt Estlands, unser Haus lag dicht an der Kirche und das Glockengeläute an den Festtagen durchtönte es bis in den letzten Winkel; dadurch hatten die Festtage bei uns ein ganz besonderes Gepräge. Auch verstand meine Mutter so wunderbar, Feste zu feiern.

Es war so viel Freude in ihr und die Freude ging wie ein großer Strom voll Leben von ihr aus. Niemals aber empfanden wir das so stark wie in der Weihnachtszeit.

Wie herrlich waren schon die Vorbereitungen! Die ganze Adventszeit war so voller Erwartung; der bunte Adventsstern, der vom ersten Advent an in unserem Zimmer hing, die Advents- und Weihnachtslieder, die wir mit unserer Mutter sangen, und die Geheimnisse, die um uns entstanden! Es war gar kein Alltag mehr, denn jeder Tag war durchrauscht von froher Feststimmung und Erwartung.

Wie köstlich war es, wenn Mutter dazwischen in ihrem Zimmer verschwand und wir nicht hineinkommen durften! Wenn sie auf Besorgungen ging, bei denen wir sie nicht begleiten durften und von wo sie mit großen, geheimnisvollen Paketen wieder heimkam! Wie köstlich war es, auf dem Fußboden von Mutters Zimmer hier und da ein Stückchen Schaumgold zu finden! Wir dachten ganz sicher, die Engel hätten es von ihren Flügeln verloren.

Und dann war plötzlich der Weihnachtsabend da! Geheimnisvoll rauschend wurde der Tannenbaum durch das Haus getragen, mit Herzklopfen lauschten wir, in unserem Kinderzimmer eingeschlossen, wie die Zweige unsere Tür streiften. Von dem Augenblick an war uns das Wohnzimmer für den ganzen Tag verschlossen. Unsere Puppen saßen schon längst festlich gekleidet auf dem Fensterbrett und durften all die Herrlichkeiten früher sehen als wir. Wir lagen auf dem Fußboden und versuchten, durch die Ritzen der Tür irgendeinen Schimmer der Herrlichkeiten zu erspähen.

Ach, und wenn es dann Abend wurde und die verschlossene Tür sich weit auftat, Geheimnisse sich enthüllten und alles voll Glanz und Freude war! Weihnachtsfreude, Kinderseligkeit, so oft geschildert, so oft besungen, wer fände aber doch die rechten Worte, alles das ganz auszusprechen!

Es gab aber einmal ein Weihnachten, an dem ich bitterlich weinte. Von diesem Weihnachtsfest will ich erzählen. Es war Adventszeit. – Ich hatte eine heiß geliebte Puppe, sie hieß Adelchen; sie war groß, hatte einen Porzellankopf, himmelblaue Augen und schwarze, angemalte Locken. Ich liebte sie über alles, und doch plagte mich einmal die Neugierde, zu erfahren, was „in ihr drin" sei. Ich teilte diese Sehnsucht meiner kleinen Schwester Elisabeth mit, und eines Tages fassten wir den ruchlosen Plan, der Sache auf den Grund zu kommen. Wir entkleideten Adelchen, bohrten und fühlten an ihrem Körper lange herum, konnten aber nicht ergründen, woraus sie „gemacht" war. Da ergriff ich eine Schere und schlitzte ihr den Leib auf. Ein Strom von Sägespänen ergoss sich aus der Wunde. Voller Staunen sahen wir dem Strom zu, vergrößerten grausam mit den Fingern den Riss und sahen kaltblütig ihr Leben entströmen. Plötzlich wurde uns bange, sie wurde welk und dünn; wenn wir sie aufsetzen wollten, knickte sie zusammen, und ihr schwerer Porzellankopf sank ihr vornüber.

Ein großer Schmerz kam über mich, und mein Schwesterchen fing an zu weinen. In unserer Angst brachten wir unser Opfer zu unserer alten russischen Wärterin. „Mein Gott, welche Kinder", war ihr beängstigender Ausruf bei unseren Unarten. Sie führte uns Schuldbeladene mit dem Opfer, das welk über ihrem Arm hing, zu unserer Mutter, die die Puppe fortnahm, und ich weinte mich abends in den Schlaf vor Sehnsucht nach der Heißgeliebten, so grausam Ermordeten.

Nach einigen Tagen dachte ich, meine Mutter würde sie uns geheilt wiedergeben. Als sie aber gar keine Anstalten dazu machte, trieb mich die heiße Sehnsucht zu der Bitte, Mutter möchte mir doch Adelchen wiedergeben. „Nein", war die Antwort, „das habt ihr nicht verdient, das Christkindchen hat die Puppe geholt, wird sie zu Weihnachten reparieren und sie wohl den armen Kindern bringen."

Traurig hörte ich den Bescheid und dachte, ich hätte diese Strafe wohl verdient: Nur dass Adelchen für arme Kinder da sein sollte, konnte ich nicht verwinden. Überhaupt, die „armen Kinder" waren vor Weihnachten ein Stein des Anstoßes für mich, über den ich oft stolperte. Immer musste man ihnen etwas weggeben von seinen Sachen! Meine Kleider schenkte ich gern fort, auch meine sonstigen Spielsachen; nur wenn es eine Puppe fortzugeben galt, zerriss es mir das Herz. Dazu sagte Mutter noch, wenn man den Armen nicht froh und gern gäbe, so trüge das Geben keinen Segen. – Und nun war Weihnachten da! Trotz Adelchens Verlust waren die Tage vorher wie sonst, voll herrlichster Erwartung, voll kühnster Träume, glühendster Wünsche, auf deren Erfüllung man mit Zittern wartete.

Ich hatte für meine Eltern ein Gedicht auswendig gelernt, dessen ersten Vers ich mit mühsam steifen

Buchstaben auf ein „Wunschpapier“ geschrieben hatte. Dieses Wunschpapier zu Weihnachten einzukaufen, war ein herrliches Erlebnis. Es war ein feierlicher Augenblick, wenn wir unter den Flügeln unserer alten Wärterin in den Laden gingen, jedes sein Fünfzehnkopekenstück in der Hand. Wir wählten in der größten Aufregung und konnten uns immer nicht zum Einkauf entschließen, bis die Wärterin für uns endlich die Entscheidung traf.

Mit unseren Wunschpapieren in den Händen, mit klopfendem Herzen standen wir dann hinter der Tür des Weihnachtszimmers. Nun öffnete sie sich weit, Mutter spielte den Choral, Vater stand neben ihr am Flügel mit dem Neuen Testament in der Hand, aus dem wunderbare Buchzeichen an bunten Bändern heraushingen. Wir sangen Weihnachtslieder, hörten das Weihnachtsevangelium und wagten gar nicht, nach dem Baum oder unseren Geschenken hinzuschauen. Das war uns nämlich von unserer alten Wärterin fest eingeprägt, „ehe ihr euer Gedicht aufgesagt habt, dürft ihr nichts sehen“, und nun sollte ich mein Gedicht aufsagen. Ich überreichte Vater mein Wunschpapier und fing an „Ihr Kinderlein, kommet, o kommet“, doch als ich so weit kam, da hatte ich meinen Blick erhoben und nach dem Gabentisch hingeschaut. Was sah ich? In der Mitte des Tisches saß mein Adelchen in einem neuen Kleide, mit wohlgefülltem Körper und steif abstehenden Armen. Über diesen Anblick vergaß ich alles, ich stand mit weit geöffneten Augen da, und mein Herz stand vor Seligkeit einen Augenblick still.

Ich verstummte und konnte mein Gedicht nicht weitersagen. Mein Vater war ernst und ein wenig streng. Pflichttreue und Selbstüberwindung mussten wir schon als kleine Kinder zu üben versuchen. Er blickte missbilligend nach mir hin, meine Mutter half mir, aber mein Gedächtnis ließ mich vollständig im Stich und ich brach in Tränen aus.

Trotzdem wurde der Abend noch schön. Tränenüberströmt schloss ich mein Adelchen in die Arme und beruhigte mich, als meine Eltern sagten, sie seien mir nicht mehr böse.

Als ich abends in meinem Bett lag, mit Adelchen im Arm, und mein Abendgebet sprach, dankte ich zuerst dem lieben Gott für mein wiedergeschenktes Kind. Dann kam eine heiße Bitte um Vergebung, dass ich meine Eltern so schwer betrübt hatte, und dann ging alles unter in dem einen Glücksgefühl, dass die armen Kinder mein Adelchen nicht bekommen hatten! Und den kalten Porzellankopf meiner Puppe fest an meine heiße Kinderwange gedrückt, schlief ich selig und dankbar ein.

Monika Hunnius

(geb. 1858 in Riga, Lettland – gest. 1934 in Riga) Hunnius war eine der bekanntesten deutschen Autorinnen des Baltikums im 20. Jahrhundert. Darüber hinaus lehrte sie in Riga Gesang und Deklamation.

Dörfliche Moselweihnacht

In der bäuerlichen Welt des Moseldorfes, in dem ich meine Schuljugendzeit verbrachte, beging man das Weihnachtsfest zu Haus und in der Kirche auf eine herb-innige und ganz und gar unsentimentale Weise. Es hatte sich unter dem Stern von Bethlehem noch nicht jener Rummelplatz halb echter, halb falscher Gefühle aufgetan. Die Krämer verkauften wohl Christbaumschmuck, Schokoladenplätzchen und Lebkuchen, aber von einem Weihnachtsgeschäft sprach niemand, da die Sitte noch vollständig unbekannt war, Weihnachtsstimmung in Schachteln zu kaufen. Und man fiel auch, wie einem das heutzutage bereits vier Wochen vor Weihnachten passieren kann, wenn man in einem Gasthaus irgendwo eine Tür zu einem Bürger- oder Hinterstübchen aufklinkt, niemals in einen Kreis von weihnachtlich gestimmten Männern, die, zwischen Lichterbaum und Bierglas sitzend, „Stille Nacht“ oder „Am Weihnachtsbaum die Lichter brennen“ singen. Es gab auch keine langen und kostspieligen Vorbereitungen. Die Mutter sagte, etwa acht Tage vor dem Fest: „Ja, ihr Kanner, da misse mer wohl baaken!“ In der Futterküche war der Backofen. Ich sehe es noch, wie der Vater die Buchenscheite hineinwarf und die Mutter mit strengem Prüfen und das Gesicht gegen die Hitze verkniffen hineinschaute. Dann wurden die runden, an den Rändern gewellten Bleche mit dem wohlriechenden Teig herbeigetragen. An diesen Streusel- oder

Obstkuchen hatte ich, so klein ich auch noch war, auszusetzen, dass die Teigschicht zu hoch war. Ich schnitt darum diese dicken Kreissegmente einmal der Länge nach durch, und nur, wie ich behauptete, um sie in den Mund zu kriegen, in Wirklichkeit aber, um auch das untere, das eigentliche Teigstück, mit Butter und Gelee zu bedecken, was den Eltern und Geschwistern als eine fast schon ans Lasterhafte grenzende Üppigkeit erschien. Neben dem Kuchen gab es noch Äpfel und Nüsse und vielleicht einen beim Bäcker gekauften Lebkuchen. Als der Jüngste, der ich war, wurde mir auch jedes Weihnachten ein kleines Spielzeug bewilligt: Ein Blechauto oder dergleichen. Einmal erhielt ich eine Sparbüchse und ich erinnere mich genau, dass ich den bunten Blecheimer mit dem Schlitz überhaupt nicht als Geschenk, sondern als eine Ermahnung empfand.

Eine weitere Vorbereitung zum Fest bestand im Hausputz, im Beichtgang und im Besorgen eines Christbaumes. Dieses Bäumchen durfte, wiewohl es die Familie wie alle ordentlichen Leute im Dorfe mit dem Siebenten Gebot sehr genau nahm, nicht gekauft werden. Es gab da den Gemeindewald – aber natürlich auch den Waldhüter! Aber dem Waldhüter um 50 Pfennig eine Fichte abkaufen, das, so glaube ich heute, hätte die Leute und den Waldhüter an der Spitze zum Lachen gereizt. Nein, den Christbaum ging man sich selber holen, doch musste man zusehen, nicht an Ort und Stelle ertappt zu werden.

Den Heiligabend feierten wir nicht. Wir gingen eher ein wenig früher zu Bett, um morgens in aller Frühe, ich glaube um vier Uhr, aufzustehen. Falls uns das erste Läuten noch nicht geweckt hatte, hörten wir auf jeden Fall den Vater, der unten vor der Treppe stand und sang. Denn während er sonst nur mit den Knöcheln auf einen der Holztritte klopfte, erhob er an diesem Morgen seine kraftvolle Stimme, und wir saßen in den Betten, rieben die Augen und lauschten. „Heiligste Nacht – Heiligste Nacht, Finsternis weichet", und bald fielen unsere Stimmen mit ein. Das Waschen am Weihnachtsmorgen geschah sehr flüchtig, denn der Geruch, der aus der guten Stube kam, erfüllte bereits das ganze Haus. Es ist schwer, diesem Geruch nach so vielen Jahren ganz auf die Spur zu kommen. Der Duft der Fichte und der herbe Geruch des Leinöls, mit dem die Bohlen des Fußbodens vor jedem Fest getränkt wurden, durchdrangen sich stark. Aus dem eingebauten Porzellanschrank, wo die Kuchen übereinander standen, stieg der nahrhafte und zugleich festliche Anhauch von Gestreuseltem, die Äpfel und der Christbaum gaben mit ihrem Duftgequirle eine leichte, schwebende Würze und die Schokoladenplätzchen und die stark gewürzten Lebkuchen regten mich mit ihrem aus fernen Ländern kommenden Geruch ebenso auf wie das unerhörte Glitzern der Silberschaumkugeln und das Sprühen der Wunderkerzen. In die dicken Silberkugeln blickte ich immer wieder hinein und konnte mich an der Fratzen bildenden Wirkung dieses Kugelspiegels nicht sattsehen.

Wenn ich an diese Weihnachtsmorgen in meiner Jugend zurückdenke, fällt es mir auf, wie selten wir noch heutzutage in derselben Gegend richtige Schneeweihnachten haben. Es war – das weiß ich noch, als hätte ich gestern den Weg zur Mette in die Dorfkirche angetreten – bitterkalt. Meist lag der Schnee in den Gassen, die, trotzdem es noch Nacht war, in einer unbestimmten Helligkeit dalagen. Ich rieche den Schnee gern, es ist, als ob man die Kälte selber riechen könnte. Ich wäre selbst als kleiner Junge nie auf den Einfall gekommen, ohne es anderen nachzutun, Schneebälle zu machen. Ich trottete dahin, genoss das weißliche Flimmern, roch den Schnee und hörte die Glocken zuhauf läuten, diese mütterlichen starken Stimmen oben im Kirchturm, die mich, so oft sie aus ihrem Schweigen fielen, mit ihrem himmlischen Gleichklang erregten, aber niemals so wie in der Weihnacht. Der Himmel über dem Berg Rupprot glitzerte, die Sterne sahen in der klaren Nacht wie Kristalle aus und ich suchte, aber mehr mit dem träumenden als dem forschenden Auge, nach dem Stern der Weisen. In Mandels Ecke, einem einsamen Winkel, wo ein Stall lag, hörte ich, offenbar vom Hahn geweckt, eine Kuh muhen und später das Gemecker einer Geiß. Dann dachte ich an die Geschichte, die mir der Vater über die Weihnacht der Tiere erzählt hatte, dass nämlich der Hahn in der Nacht der Erlösung gerufen habe: „Christus ist hie!“, die Kuh aber habe gerufen: „Woo?“, und die Geiß antwortete: „In Bethlehem!“

Stefan Andres

(geb. 1906 in Trittenheim – gest. 1970 in Rom) Als „christlicher Humanist“ bezeichnete sich der gesellschaftskritische Autor. In den 1950er-Jahren erreichten seine Werke Millionenauflagen. Die Stadt Schweich, in der der Dichter seine Kindheit verbrachte, verleiht alle drei Jahre den „Stefan-Andres-Preis“.

Eine Weihnachtsreise ins altpreussische Land

Da es in meiner Erinnerung Winter ist, so kommen mir Bilder von einer Winterreise, die ich vielleicht in meinem sechsten oder siebten Jahre mit meinen Eltern zu den Großeltern mütterlicher Seite nach Altpreußen gemacht habe.

Es waren wohlstehende, aber schlichte Bürgersleute, die ihre alten Tage mit einer unverheiratet gebliebenen Tochter in einem Landstädtchen verlebten. Man muss so ein ostpreußisches Städtchen im Winter gesehen haben und an einem trüben Abende, nach weiter Reise durch eingeschneite Felder, Wälder und über gefrorene Seen; man muss da in eine Herberge hineingefahren und über Nacht geblieben sein, um in der Seele zu begreifen, was es mit dem nordischen Kleinbürgerleben und mit der winterlichen Symbolik bereits in Ostpreußen so gut wie in Grönland zu bedeuten hat.

Von den Zurüstungen der Reise hab ich nichts weiter behalten, als dass ich in ein altes Umschlagetuch der Mutter vom Kopf bis zu den Beinen und bis zum Ersticken festgewickelt worden bin.

Um mich her in der Stube stehen Kisten und Kasten; da nimmt mich eine polnische Magd in die Arme, um mich in den Schlitten zu tragen. Jählings abgerufen, wirft sie mich aber mitsamt meiner Emballage wieder zu dem übrigen Gepäck, sodass ich umfalle und mir bei der Arbeit des Aufrichtens das über den Kopf gezogene dicke Tuch auch über das Gesicht herabschlägt. Da mir nun beide Arme wie einem Wickelkinde geschnürt sind, sodass ich mir schlechterdings nicht helfen und nicht mal ein helles Geschrei ausstoßen kann, so ist es mir fast Matthäi am Letzten, als meine liebe Mama erscheint und mich befreit.

Unterwegs finde ich mich im Rücken der Eltern, unter einem fabelhaften Verdeck, und zwar mehr liegend als sitzend verpackt. Die liebe Mutter sagt dann von Zeit zu Zeit zum Vater: „Wenn der arme Junge nur gut Luft holen kann“, und dann fragt sie mich laut und ängstlich: „Jungchen, lebst du auch noch, mein Kind?“ „Ja, liebe Mutter.“ „Friert dich auch nicht?“ „Nein, nur ein bisschen.“ „Na, wickle dich nur recht fest ein und rühr dich nicht viel, mein Kind.“

Dann sagt wieder der Vater: „Na, na, ängstige dich nur nicht, liebe Frau, der ist ein knorriger Bengel und ein Unkraut obendrein; so eins verdirbt sobald nicht; wenn dir das Maul zugefroren ist, Junge, dann meld es der Mama.“

Dann wieder fahren wir bei einbrechendem Abende über einen großen, gefrorenen See. Der Kutscher und der Vater gehen neben dem Schlitten her, und mich hat die Mama von hinten fort und auf den Schoß hervorgeholt, um mich, falls der Schlitten einbrechen möchte, gleich weit aufs feste Eis zu werfen; so denk ich es mir jetzt, und so hab ich’s wohl damals gefühlt.

Es geht alles ganz glücklich bis zum Ufer; da ist das Eis mürber, die Pferde brechen ein, der Schlitten sinkt einen Augenblick ins Wasser, aber wir kommen doch mit vielem Geschrei und Antreiben aufs Land und gleich darauf in einen „Krug“ (Herberge). Die Mama und ich selbst, wir sind trocken; der Kutscher aber und der arme alte Papa sind pfützennass und die liebe Mama so erschrocken, dass sie dem Vater mit Tränen um den Hals fällt, der sie lachend beruhigt und mit lauter Stimme eine ganze Kasserolle voll Warmbier kommandiert.

Dann muss der Wirt dem Vater die nassen Stiefel abziehen, und da dies nicht auf die gewöhnliche Weise gehen will, so hat der Mann sich mit dem Gesicht vom Vater abgekehrt und dieser ihm einen Fuß gegen den Rücken festgestemmt, der Wirt aber den einen Stiefel fest in den Händen gehalten, bis er ihn richtig mit Gelächter herunterkriegt.

Am anderen Tage fahren wir bei ganz gelindem Wetter und indem der Schnee wie in ganzen Lämmervliesen herunterflockt, durch einen unermesslichen Föhrenwald, der in Ostpreußen eine Heide genannt ist. Ich sitze, da weiter keine Gefahr mit Erfrieren vorhanden, ganz wohlgemut und munter zwischen den lieben Eltern.

Zwischen den Schneemassen blickt überall das herzerfrischende Weihnachtsgrün der Kiefern und Fichten hervor, die wie große, heilige Christbäume zuhauf stehen. Ich empfinde und denke nichts weiter als die gleichmäßige stille und schnelle Bewegung des Schlittens; mir ist so reinlich, so säuberlich und dann wieder so mystisch, so verwandlungsvoll, so feierlich und weihnachtlich bis in die innerste Seele hinein, dass ich lauter Weihnachtsstimmung, also gar nicht bei ordinärem Menschenverstande, bin. Mir ist vielmehr so märchenhaft, wie wenn die ganze Welt zu lauter Schnee und Weihnachten werden will; als wenn ich selbst ein warmes und leibhaftiges Schneewetter und Weihnachtswunder bin, in dessen heilige Stille das Schlittengeläute feierlich und wundersam hineintönt wie die Glocken des Heiligen Christes, der die großen Menschenkinder im eingeschneiten Walddome zur Weihnachtsbescherung ruft. Damit sie nun nichts anderes hören, sehen und empfinden, so wird mit der jungfräulichen Unschuld der Mutter Maria und des Christuskindes die schwarze, harte Menschensünde so zugedeckt, verwandelt, gereinigt und verträumt, wie der schwarze, hart gefrorene, von jedem Tritt widerhallende Erdboden weich und weiß mit Schnee überdeckt wird.

Und in solcher dicken Weihnachtsstimmung kommen wir zu dem Städtchen der Großeltern und durch das betürmte, in Ritterzeiten gebaute Tor.

Aber wenn das auch nicht gewesen wäre, so mussten wir doch alle von mancherlei Gefühlen bestürmt sein. Meiner Mutter Heimat und ihre Geburtsstätte umfingen uns hier. Der Vater hatte hier um seine Lebensgefährtin gefreit; er hatte in diesem Städtchen viele Jahre in Garnison gestanden und hier seine Jugendzeit verlebt; ich selbst aber fuhr zum ersten Mal mit vollem Bewusstsein in die Stadt.

Wir schwiegen also alle mitsammen stille, aber die Eltern hielten sich bei den Händen, die Mutter brachte das Taschentuch an die Augen, und ich hatte nicht Augen und Sinne genug, um das zu bewältigen, was jeden Augenblick an Wundern zum Vorschein kommen oder vielmehr auf uns losstürmen musste. So stand's mit uns.

Mein Vater suchte wohl seine Rührung hinter den Versen eines alten Soldatenliedes zu verbergen, von denen ich nur zwei Strophen behalten habe, die er allemal rezitiert hat, wenn ihm so recht behaglich oder wundersam zumute war. Mit tremolierender Stimme und halblaut sang der alte Herr vor sich hin: „O wunderbares Glück, kehr noch einmal zurück!"

Aber ich habe die Ankunft und den Empfang im großelterlichen Hause vergessen. Ich war wohl zu schläfrig, oder von der Ofenwärme wie von den großelterlichen Liebkosungen zu benommen, um heute noch was Rechtes davon zu wissen.

Man hatte mich in ein Oberstübchen zu Bette gebracht, und es geschah zum ersten Mal, dass ich unter dem frommen Gesange des Nachtwächters entschlief, dessen zehnmaliges Pfeifen mir noch viel mehr zu schaffen gemacht hätte, wenn ich nicht so todmüde gewesen wäre.

Am anderen Morgen aber weckte mich die Reveille des Trompeters auf, den ich schon im Traume gehört. Es waren mir entzückende und unbegreifliche Töne, wie eines ungeheueren messingnen Hahns, und als sie unter dem Fenster erschallten, war es mir durchaus so, als kämen sie geradewegs zur Stube herein und als schmetterten und krähten sie mir das Weihnachtswunder in den Kopf.

Nachdem es wieder still geworden war, fühlte ich mich einen Augenblick wie berauscht und verwirrt.

Als ich mich aber ein wenig in meinen Bewussthaftigkeiten examiniert und zur süßen Gewohnheit des Daseins orientiert hatte, brachte ich zu meiner dreifachen Wonne ordentlich heraus: Dass heute der erste heilige Christfeiertag, dass ich bei den Großeltern einlogiert und in einer wirklichen Stadt angelangt sei.

Als ich nun so mit urdeutscher Gründlichkeit inne geworden war, wo ich denn eigentlich befindlich und was mir alles in die nächste Aussicht gestellt sei, da zappelte mir mein armes Herzlein wie ein Lämmerschwänzlein in der Brust.

Die obwaltenden Finsternisse disharmonierten allzu dusterlich mit den hellen Lichtern in meiner Weihnacht feiernden Seele. Ich musste notwendig auch von draußen Licht haben, um die altpreußische Wunderstadt oder doch die großelterliche Schlafgelegenheit zu besehen. Ich musste mit der goldenen, herzigen Mama vom Trompeter plaudern und in der Geschwindigkeit so ein paar Dutzend Fragezeichen und Wunder vom Herzen loskriegen, bevor vielleicht der Papa und die halbe Welt dazwischenkam; denn lange ließ mich mein Erzeuger mit der allzu gütigen und zärtlichen Mama nie allein. Und doch wollte ich die liebe, gewiss auch müde gemachte Mutter nicht aus ihrem süßen Schlummer aufstören, darum hüstelte und rabastelte ich nur ein ganz klein wenig mit meinem weichen Lagerchen, bis denn doch die wankelmütigen Bettpfosten so laut ächzten und meine redelüsternen Lippen so vernehmlich wisperten, dass die liebe Mama mit ihrer so sanften, zum Herzen schleichenden Stimme respondierte:

„Na, mein Jungchen, du kannst wohl schon vor Freuden nicht länger schlafen."

Die Großeltern hielten einen Gewürz- und Kramladen von den Trümmern eines bedeutenden Geschäfts, das von Hause aus in Königsberg betrieben worden war. Aus jener goldenen oder silbernen Zeit hingen da noch im Laden einige Raritäten: eine Kokosnuss, ein Straußenei, vor allen Dingen aber ein Seeschiff und, was mir für das Fabelhafteste galt, ein Krokodil. Die Mutter hatte an langen Herbstabenden von diesen Wundern in ihrer Eltern Laden mit derselben Miene wie von Märchenabenteuern erzählt, und jetzt stand ich auf einmal mitten unter diesen Herrlichkeiten, das heißt mitten im Kram. Denn als wir zum Frühstück die Treppe herabkamen, wurden eben aus dem verschlossen gehaltenen Laden Rosinen und Mandeln und was sonst noch geholt. Sodann sah ich mit stieren Augen und mit allen meinen Sinnen in Wirklichkeit, was bis dahin nur in der Einbildungskraft gelebt.

Die Mutter wie der Ladenbursche vergnügten sich wohl an meiner Verwunderung und beleuchteten zunächst auf mein leises Befragen das viel besprochene Krokodil. Es hing schauerlich-schön überfirnist und bestäubt von der Decke herab. Der halb geöffnete Rachen zeigte die furchtbaren Zähne und so fehlte es mir keineswegs an dem heiligen Respekt, mit welchem man Altertümer und Ungeheuer in Augenschein nehmen soll. Es waren, genau gezählt, nur die vier Raritäten; meine Sinne aber waren so berauscht und Wunder gebärend, dass ich in allen Schiebladen nichts als Krokodileier, Straußeneier, Kokosnüsse und kleine Seeschiffe sah.

Aus dem Wunderladen ging es nun zu den Großeltern in die große Putzstube mit einem kolossalen Fenster auf das Gehöfte hinaus.

Auf dem großen Eichentische mit gewundenen Füßen stand nicht nur Kuchen und Kaffee bereit, sondern in einer blau gemusterten hohen Porzellankanne duftete eine Schokolade, von der die Mama noch aus dem Vaterhaus her eine große Liebhaberin war. Mein Sinn und Geschmack aber schwamm in lauter Weihnachten und blieb demnach auf die Türe des letzten Hinterstübchens gerichtet, wo die liebe Großmama unter dem Beistande der alten Ladenjungfer mit Beschickung des Heiligen Christes beschäftigt war.

Weihnachten hatte damals für alle Christenmenschen, gläubige wie ungläubige, in der Seele denselben Klang und Sang, denselben Schimmer und heiligen Schein. Kinderweihnachten zu beschreiben ist so unmöglich und so überflüssig, wie wenn einer seine Seele und sein Christentum oder sein Eingeweide wie einen Handschuh herauswenden wollte. Ich mag also nur sagen, was eben die altpreußische Weihnacht Absonderliches mit sich geführt hat, und das war hauptsächlich ein Tannenbaum mitten aus der Heide, in eine große Bütte mit nassem Sande gepflanzt, sodass der goldene Apfel auf der Spitze beinahe die Zimmerdecke anstieß. Dann ein neuer Zinnteller, so gleißend wie eitel Silber, auf dem die Thorner Pfefferkuchen, die Marzipanstücke, die Nüsse, die Rosinen und Mandeln und die roten Stettiner Äpfel lagen, und endlich eine Schachtel mit gedrechselten „Heiligenbeiler Spielsachen“ von Wacholder, welches ein Geäder wie Zedernholz hat und dessen starker und eigentümlicher Geruch mich heute noch, wo ich auf ihn treffe, ganz tiefsinnig und schwermütig macht.

Während nun Eltern und Großeltern zu ihrem Herrn und Heiland in der Kirche beteten und Buße taten, habe ich traum- und glückselig mit meiner Christbescherung gespielt. Und so geschah und geschieht es von Schrift wegen; denn der Heiland ist der älteste und echteste Kinderfreund und da die Kinder nach seinem Ausspruche vom Christentume lebendig beseelt sind, so soll ihnen der Ernst und die Arbeit des Christentums noch ein Spiel und eine Glückseligkeit, ein Weihnachtshimmel auf dieser Erde sein.

Bogumil Goltz

(geb. 1801 in Warschau – gest. 1870 in Thorn) Nachdem er als Landwirt gescheitert war, begann Goltz im Alter von 46 Jahren zu schreiben. Ähnlich wie Jean-Jacques Rousseau setzte er sich für eine neue Erziehung und die Hinwendung zur Natur ein.

Geborgenheit

Weihnachten

Liebeläutend zieht durch Kerzenhelle,
Mild, wie Wälderduft, die Weihnachtszeit,
Und ein schlichtes Glück streut auf die Schwelle
Schöne Blumen der Vergangenheit.

Hand schmiegt sich an Hand im engen Kreise,
Und das alte Lied von Gott und Christ
Bebt durch Seelen und verkündet leise,
Dass die kleinste Welt die größte ist.

Joachim Ringelnatz

(geb. 1883 in Wurzen – gest. 1934 in Berlin) Hans Gustav Bötticher war der bürgerliche Name des Schriftstellers, Kabarettisten (Kuttel Daddeldu) und Malers Ringelnatz, dessen humoristische Gedichte nach wie vor zitiert werden. Seine Wärme und Sanftheit zeigt sich in Gedichten wie „Weihnachten“.

Ein allerliebstes Bild

Gestern wurde ich am Weihnachtsabend durch ein allerliebstes Bild überrascht. Wie ich in das erleuchtete Zimmer zu dem prachtvollen Tannenbaum hineingerufen wurde, trappte mir mein Töchterlein in der Gestalt eines Braunschweiger Bauernmädchens, wie sie dort auf den Markt gehen, entgegen. Schwarzes Hütchen, nur den Hinterkopf deckend, mit langen roten Bändern; rotes Kleid, kurz geschürzt; Zwickelstrümpfe nebst Lederschuhen; eine geflochtene Kiepe auf dem Rücken, angefüllt mit Nüssen und Kuchen für mich. Das alles hatte meine liebe Frau an den Abenden gemacht, wenn ich nicht zu Hause und sie nicht auf der Bühne beschäftigt war; ich hatte nicht das Geringste davon gemerkt. Das närrische kleine Ding wollte die Kiepe den ganzen Abend nicht wieder ablegen, es saß damit auf dem Stuhl und aß und trank. Des Morgens holt sie immer meine Tasse, wenn ich, noch im Bett liegend, ausgetrunken habe; heute morgen kam sie ebenfalls im Häubchen der Mutter, blieb aber vor dem Baum bewundernd stehen, den ich durch die Glastüre erblickte, küsste das darin hängende Konfekt, rief einmal über das andere: „Schön! Schön!"

Friedrich Hebbel

(geb. 1813 in Wesselburen – gest. 1863 in Wien) Jahrzehntelang arbeitete der Dichter in bitterer Armut, erst seine Heirat mit der Burgschauspielerin Christine Enghaus brachte ihm finanzielle Sicherheit. Seine Arbeit, z. B. das Drama „Agnes Bernauer", nannte er eine „heilige Pflicht", die der Himmel ihm auferlegt habe.

Ein Silbergulden für die Mägde

So kam die erste Weihnacht unserer Ehe. Wir beschlossen, sie heimlich, ganz für uns zu feiern. Ich übernahm es, für den Baum zu sorgen; man ging im großen Haus früh zu Bett, vorher wurden alle Eingänge sorgfältig verschlossen und verriegelt. Aber der alte Knecht, der Naz, der das Schließeramt verwaltete, hatte mir schon von meinem fünften Jahre an geholfen. Er hatte mir verbotenes grünes Obst zugesteckt, er hatte mir die Kälberchen gezeigt, wenn sie gerade zur Welt gekommen waren, oder er hatte mich, im Wagen unter Heu versteckt, auf die Felder zum Schnitt mitgenommen und mir dort süßen Apfelmost aus dem großen grünen Steinkrug des Gesindes zu trinken gegeben. Und mein guter Naz ließ auch an diesem Abende die Tür des Holzschuppens zum Walde offen. Als alle schliefen, schlichen wir wie zwei Räuber in die Nacht hinaus, August Strindberg und ich, um den Tannenbaum, den der Naz für uns gefällt hatte, zu holen – unseren Weihnachtsbaum. Die anderen Leute hatten keinen. Der Heilige Abend wurde hier, dem Brauch und Geist des ‚großen Hauses' nach, reichlich, aber in Prosa begangen. Geschenke unter den Familienmitgliedern gab es auch nicht, so kindisch wollte man nicht sein. Aber die Tafel war üppiger denn je. Man trank Champagner, den Großvater zwar selbst hergestellt hatte, der aber trotzdem sehr genießbar war und sich zumeist erst nachträglich schlecht benahm. Nach Tisch wurde das Gesinde in den Herrschaftsräumen, die es sonst nie betrat, bedacht. Knechte und Mägde, eine erkleckliche Anzahl, wurden hereingerufen, um das Christkind entgegenzunehmen, das in Form von Geld, Schuhen, Strümpfen, Pfeifen, Schürzen, Mützen, Kleidern und sonstigen nützlichen Dingen auftrat.

Nachdem die allgemeine Bescherung vorüber war, schritt zur allgemeinen Überraschung Strindberg mit einem schüchternen Lächeln an dem Hausherrn vorbei, der irrtümlich der Ansicht war, dass Schenken ein Privilegium der Reichen sei, und verteilte auch seine Gaben ans Gesinde. Die Mägde erhielten jede einen Silbergulden, das war ein Vierzigstel ihres Jahreslohns und – 21 x 1 – die Hälfte unseres Barvermögens. Für die Knechte tat er noch mehr. Er hatte ein paar Tage vorher von meiner Schwester aus Wien ein Kistchen bosnischen Tabak bekommen, auf den er viel hielt. Den gab er ihnen. Dann musste er sich aber noch zu Großvater setzen und eine Partie Schach spielen. Da saß er eine Weile fest, denn der Alte war ein leidenschaftlicher Spieler und freute sich jedes Mal über die Maßen, wenn er dem berühmten Schwiegerenkel „Schachmatt" zurufen konnte.

Ich aber entwischte zu unserem Baum, die Überraschung vorzubereiten. Man hatte das Stammende in ein festes Holzgestell gefügt – kerzengerade stand die Tanne vor dem Fenster. Ums Fußende hatte ich Laub gehäuft und das herrliche Grün war durch keinen Schmuck entweiht; nur schlanke weiße Wachskerzen schimmerten zwischen den Zweigen und ein kleines Wachsengelchen saß hoch oben auf der äußersten Spitze und lächelte himmlisch. Der Tisch war herrlich. Meiner Mutter, die eine große Sammlerin von Kirchenspitzen war, hatte ich ein feines Messtuch mit echt gotischer Leinenspitze abgebettelt. Auf dem dufteten nun in großen Sträußen weiß und rosig zwischen ihrem Blattwerk die Christrosen (Helleborus), die mir meine treue Resi, wie jedes Jahr, aus Mondsee gesandt hatte; ich liebte sie so sehr. Und dazwischen breiteten sich nun die Geschenke aus. Da war eine Riesenflasche Antoine-Kopiertinte, eine prunkvolle neue Adlerfeder; ferner gab es zwei Rahmen für Strindbergs Malereien und riesige Tuben mit Ölfarbe aus Wien und eine Flasche Schwedenpunsch von Schwager und Schwester Weyr gestiftet. Und ein Paar weiche Pantoffeln, auf die ich symbolisch und schlecht je eine rote Rose gestickt hatte. Bruder Schwefel hatte seinen eigenen Bescherungstisch mit Retorten und Lampen für die Alchimistenküche, Mörsern und Tiegeln und was er alles so für seine Heimlichkeiten brauchte. Das war leider alles – und ich schämte mich.

Aber als Strindberg ins Zimmer trat und ich seine Augen aufleuchten sah, kam ich mir wie Krösus vor. Er liebkoste mich mit den Augen und küsste mit dem Blick die Christrosen. Dann ging er zu seinem Schreibtisch und nahm eine kleine Bleistiftzeichnung heraus, sein Bild mit 13 Jahren, von seinem Bruder gezeichnet: ein kleiner gläubiger Heiliger, die Frömmigkeit selbst. Der sollte mir gehören, nur mir.

Dann löschte er die Lampe. Und da war es plötzlich, als traten der Mond, die Nacht und die Ewigkeit ins Zimmer. Hinter dem strahlenden Baume schimmerte zauberhell die Flusslandschaft und tiefblau wölbte sich das Firmament. Die kleinen Kerzenflämmchen glitzerten mit dem silbrigen Wasserspiegel um die Wette, bis sie erloschen und uns im Dunkel zurückließen, allein mit dem Mond und dem schimmernden Strom. Der frische, würzige Atem der Christrosen war in der Luft. „Ich bin noch nie so glücklich gewesen", sagte er leise.

An diesem Abend erzählte er mir eine alte Legende: Den Menschen auf der Erde ging es jämmerlich schlecht. Und besonders eine arme Frau weinte und sehnte sich nach etwas, das sie hier nirgends finden konnte. Das aber sahen die kleinen Engel Gottes im Himmel, die mit den Armen und Betrübten Mitleid haben – und da liefen sie vom Thron Gottes fort in die finsteren Wolken hinein, die den Menschen den Himmel verbergen, und sie stampften mit ihren kleinen Füßen so lange, bis sie Löcher in die Wolken gestampft hatten – die nennen die Menschen jetzt ‚Sterne' und durch sie können sie den Himmel sehen.

Frida Strindberg-Uhl

(geb. 1872 in Mondsee – gest. 1943 in Salzburg) Die Schriftstellerin und Übersetzerin Frida Strindberg-Uhl war gerade 21 Jahre alt geworden, als sie den 23 Jahre älteren Dramatiker August Strindberg heiratete. Kaum ein Jahr später war die Beziehung unwiderruflich zerrüttet. „Lieb, Leid und Zeit. Eine unvergessliche Ehe" nannte sie ihr Erinnerungsbuch an diese kurze Zeit.

Prügel und Luftsprünge

Liebe Gunda! Das kannst Du denken, dass Deine Kiste mit großer Gewissenhaftigkeit uneröffnet blieb bis zum Augenblick der Bescherung. Jede genießbare Delikatesse wurde mit lautem Jubel empfangen, wir wollten recht ein festlich Mahl halten und machten den Beding, dass gar nichts solle verspart werden. Wie kam's nun, dass wir mit einmal allesamt darauf vergaßen und keiner mehr Appetit darauf hatte, sondern in dem plötzlich alle Grenzen übersteigenden Jubel sich einer um den andren drehte, Prügel austeilte, die ebenso begeistert empfangen als gegeben wurden? Luftsprünge, die nur mit größter Energie auszuführen, gelangen allen drei Mädchen, als hätten sie lernen auf dem Seil zu tanzen, und Friedmund mischte sich dazwischen mit kühnen Fechterpositionen, indem er seine Oberkleider von sich warf, und mit beiden Armen weit ausgriff; sang dazu: „Seid umschlungen, Millionen!" Dazwischen tanzten sie wieder, schrien, jauchzten, tobten, dass die Wände zitterten, umarmten sich und prügelten wieder drauflos. Ich hab auch eine Menge Prügel erhalten, und endlich freuten sie sich noch mehr, dass jeder seine Prügel fühle. Gisel behauptete, sie müsse braun und blau sein, die andern ließen sich aber auch ihre Prügel nicht verringern, kurz, jeder war zufrieden mit dem, was er erhalten habe; jeder war überzeugt, er habe das meiste von dieser allgemeinen Prügelausteilung. Kann eine Bescherung glücklicher vonstattenge-

hen? Ja, sie riefen: Nie haben wir ein so schönes Weihnachtsfest erlebt! Ausgeteilt wurde alles von Kuchen an das Hofgesinde; denn wir hatten keinen Appetit mehr, aller Geschmack war uns vergangen, aber Klopfen, Jauchzen, auf den Tisch pauken nahm kein Ende ...
Deine in der Empfindung ihres Glückes
Dich doppelt liebende Schwester Bettine.

Am Weihnachtsfest 1846
Ich grüße Euch alle herzlich.
Schwester Bettine

Bettina von Arnim

(geb. 1785 in Frankfurt a. M. – gest. 1859 in Berlin) Als „wunderliches Wesen“, als Verkörperung „ganz ewig gärender Poesie“ bezeichneten Zeitgenossen die romantische Schriftstellerin. Sie faszinierte und polarisierte. Sie hatte Kontakt zu vielen Geistesgrößen ihrer Zeit und engagierte sich sozial und politisch. Berühmt geworden ist ihr Buch „Goethes Briefwechsel mit einem Kinde“.

Alle Jahre wieder

Es war wie eine Erleuchtung. Bei dem großen Familienessen am ersten Weihnachtsfeiertag musste ich es verkünden, zwischen Vor- und Hauptspeise, wenn die Leute noch nüchtern genug waren, um die Tragweite meiner Worte zu begreifen, musste ich aufstehen, in die Hände klatschen und es endlich loswerden. Vor Zeugen, und je mehr Zeugen meine Botschaft hörten, desto besser. Dann würden die Eltern ein für alle Mal kapieren, dass ich es ernst meinte.

Mir war in der Adventszeit deswegen ausnahmsweise feierlich zumute. Mit meinem süßen Geheimnis im Herzen zog ich fröhlich durch die Läden, kaufte kostbare Geschenke, die ich liebevoll verpackte, fast hätte ich vor Begeisterung Plätzchen gebacken, doch als ich mich am 23. schwer beladen wie ein Esel auf den Weg machte, war die ganze Vorfreude schon verflogen. Düster sinnierte ich über die Worte, die ich verwenden würde, eine lange Ansprache kam nicht infrage, meine Leute pflegen ständig dazwischenzureden, sie machen einen Höllenlärm, im Durcheinander hört man seine eigene Stimme nicht, und am Schluss weiß man nicht, ob man überhaupt etwas gesagt hat oder nicht. Drei Stunden weiter wusste ich immer noch nicht, wie ich meine unfrohe Botschaft formulieren sollte, der Zug fuhr gerade über die Grenze, als das Handy der jungen Frau, die mir gegenübersaß, klingelte. Sie rief: „Hallo? Hey, ohne mich, du Spießer!“ Dann steckte sie das Handy in ihre Tasche zurück und lachte. Ich lachte auch. Das waren Worte! Genau wie sie würde ich es tun. Knapp und endgültig.

Vater und Mutter standen strahlend am Bahnsteig, offensichtlich waren die beiden gesund, es freute mich sehr, sie in so guter Verfassung zu sehen, so würden sie den Schock einigermaßen verkraften. Wir tauschten Küsse und Komplimente, eine Viertelstunde später löffelte ich schweigend eine Gemüsesuppe und erhielt einen detaillierten Lagebericht: Eine Kusine hatte ein Pflegekind angenommen, eine andere war neuerdings mit einem Polizisten liiert, so waren wir dies Jahr 30. Dreißig Onkel, Tanten, Vettern, Kusinen, ihre Partner, die dazugehörigen Kinder. Im Jahr zuvor waren 28 Gäste geplant, doch drei hatten rechtzeitig die Grippe bekommen und kurzfristig abgesagt, dadurch hatten wir mehr Platz, behauptete meine Mutter, doch ich hatte nichts davon gemerkt. Wie immer war es proppevoll gewesen. Die Wohnung ist nicht gerade groß, ab zehn Leuten aufwärts tritt man sich schon auf die Füße, bei dreißig Leuten ist es furchtbar, man muss eine halbe Ewigkeit vor der einzigen Toilette Schlange stehen und das regt mich ungemein auf. Nicht, dass ich wie meine lieben, betagten Verwandten unter Blasenschwäche leiden würde, ich brauche den Ort dringend als Zuflucht, wenn es mir zu viel wird, und das mindestens einmal pro Stunde. Bin ich endlich drinnen, sperre ich die Tür ab, schalte das Licht aus, setze mich auf den Klodeckel, drehe den Wasserhahn auf, um das Stimmengeplätscher der Wartenden zu mildern, sauge mich voll mit himmlischer Ruhe, bis nach höchstens einer Minute einer klopft, um mich aus diesem Paradies zu vertreiben.

Wie viele Rollen Klopapier an diesem Tag benötigt werden, das steht im Weihnachtsbüchlein meiner Mutter. Die gute Frau ist nicht nur traditionsbewusst, sondern auch bestens organisiert. Dank ihrer Aufzeichnungen gibt es nie eine Panne bei dem schönen Fest. Sie listet alles, aber wirklich alles auf. Wer Stühle und Hocker, wer Löffel und Gläser, wer den Obstsalat und welche Menge, wer den Käse, wer den Wein bringt. Für den Rest sind wir zuständig, also meine Eltern. Ich nicht. Diese Verantwortung lehne ich strikt ab, wenn es nach mir ginge, gäbe es gar keine Weihnachten mehr und keinen Winter und keinen Schnee und die ganze Schweiz nicht und einiges andere auch nicht, aber darüber denke ich nur nach, wenn ich überlege, dass ich gern Gott wäre, um diese Erde komplett umzugestalten, und spätestens nach einer halben Stunde werde ich trübsinnig, weil ich mir nicht sicher bin, dass ich die nötige Kompetenz dazu habe, und außerdem hat mich noch nie einer nach meiner Meinung gefragt, deswegen beschränke ich mich darauf, die brave Tochter zu sein, die ihren Eltern hilft. Mit Rat und Tat stehe ich ihnen zur Seite, vier Tage halte ich das aus, länger nicht.

Noch am selben Abend trug ich die schweren Möbel von einem Zimmer ins andere, zusammen mit meinem 90-jährigen Vater, der sich allmählich wie ein Greis vorkommt, weil meine Mutter ihm jetzt verbietet, es allein zu tun. Kaum waren die Tische aufgestellt, deckten wir sie probeweise mit dreißig Tellern, danach wurde ich wie immer zu der einzigen Aufgabe aufgefordert, die etwas Hirntätigkeit meinerseits verlangt: eine raffinierte Sitzordnung zu ersinnen, bei der ein Dicker neben einem Dünnen sitzt, damit kann man nämlich an einem Tisch für zehn Personen locker fünfzehn unterbringen, vorausgesetzt man bedenkt, dass nur Jüngere vier Stunden an den Plätzen mit den Tischbeinen überstehen und dass, wenn möglich, keine weiblichen Gäste dort sitzen sollten, weil Frauenstrümpfe garantiert von der rauen Holzfläche vernichtet werden. Meine Mutter wünscht sich zwar noch, dass ich berücksichtige, wer mit wem gut zusammenpasst und wer mit wem gerade etwas zerstritten ist, das kommt in den besten Familien vor und bei uns auch, aber bei diesem Punkt lasse ich mich auf keine Diskussion ein.

Wenn sie schon alle zusammenglucken, dann sollen sie sich bitte schön meiner Sitzordnung fügen, und die ist mit Absicht heimtückisch. Jedes Mal versuche ich es von Neuem, ich setze welche, die sich angeblich überhaupt nichts zu sagen haben, ganz nah nebeneinander, sodass sie sich zwangsweise beim Essen gegenseitig die Ellbogen in die Rippen rammen. Leider hat das noch nie zu einem Kampf geführt. Die paar Streithähne sind an diesem Tag allesamt sanft wie Lämmer, obwohl sie ab zwölf Uhr Mittag ununterbrochen trinken. Erst Apéritif oder Champagner, dann Rotwein, dann Grappa, Obstler oder Likör. Gegen fünf, wenn es draußen dunkel wird, sollten sie genug intus haben, dass die Fetzen fliegen, stattdessen zünden sie die Kerzen an und singen beseelt Weihnachtslieder.

So harmonisch wird meine Verwandtenhorde kaum, weil sie gemeinsam die Geburt Jesu feiert. Der

Heilige Geist hat damit wenig zu tun, die Friedfertigkeit kommt vom Essen, dagegen kann man sich unmöglich wehren, es erwischt sogar mich. Wenn ich mich durch das ganze Menü durchgefressen habe, sitze ich rührselig im Kreis der Familie und singe mit. Falsch, aber das fällt nicht auf, weil die anderen ziemlich musikalisch sind, so dröhnt es vielstimmig aus ihren Kehlen. Schön ist das. Einmalig schön. So schön, dass mir die Tränen kommen. Und wenn wir alle Weihnachtslieder von der ersten bis zur letzten Strophe gesungen haben, sind wir noch lange nicht fertig. Bis die Kerzen ausgebrannt sind, singen wir weiter, Gospels, Kinderlieder, Beatles Songs und gegen Schluss einige deftige Trinklieder mit unzüchtigen Versen. Dafür liebe ich meine Leute und ich war fest entschlossen, es ein letztes Mal in vollen Zügen zu genießen.

In der Nacht zum Heiligabend träumte ich davon, dass ich Weihnachten in München verbrachte und meinen Freunden erzählte, wie wunderbar es damals zu Hause war, als wir noch alle zusammen im Chor sangen, sie hingen an meinen Lippen, beneideten mich um meine glückliche Kindheit, und mittendrin wachte ich abrupt auf. Um halb acht rumpelte mein Vater schon in der Küche mit Töpfen. Mir war schlecht, der Countdown lief, es gab kein Zurück, in weniger als 36 Stunden würde ich aufstehen, laut und deutlich vor der ganzen Familie sechs Worte sagen: Nächstes Jahr bin ich nicht dabei.

Wie meine Eltern darauf reagieren würden, wusste ich nicht. Bei meinem letzten Besuch hatte ich mich bemüht, sie sanft darauf vorzubereiten, aber sobald ich die kleinste Andeutung wagte, wechselten sie geschickt das Thema, redeten stur über irgendetwas anderes oder gingen aus dem Zimmer. Früher hatte ich von München aus versucht, mich aus der Affäre zu ziehen, ich hatte lange im Voraus per Telefon oder per Brief mitgeteilt, dass ich arbeiten musste oder dass ich vorhatte, Weihnachten unter Palmen zu verbringen, und jedes Mal hatten sie es geschafft, mich heimzukriegen. Den Leuten war ich wehrlos ausgeliefert, sie machten mir keine Vorwürfe, sie übten gar keinen Druck aus, sie waren lieb und verständnisvoll, schickten sogar Geld für meine Reise in die Sonne, und ich, blöde Ziege, anstatt mich zu freuen und tatsächlich davonzufliegen, warf prompt all meine Pläne um, buk ergeben Plätzchen und kaufte resigniert meine Zugfahrkarte. In die Schweiz. So war wohl die Hammermethode meine letzte Chance.

Um den Fangarmen dieser Familie zu entkommen, war ich vor bald dreißig Jahren ausgewandert, zwar nur bis ins Nachbarland, aber außer mir lebten alle Verwandten keine fünfzig Kilometer von ihrem Geburtsort entfernt, und ich war stolz, dass es mir gelungen war. Es ist verdammt schwer, sich von Menschen zu lösen, die einen mit Liebe und Freundlichkeit umgarnen, die sich pausenlos sorgen, ob man gesund und glücklich ist, die alles tun würden, damit man es wird, diskret, das versteht sich von selbst. Bei einigen ist der Familiensinn dermaßen überentwickelt, dass sie ihr halb vergessenes Schuldeutsch auffrischen, um mindestens ein paar Zeilen von mir lesen zu können, doch ich weiß nicht, ob ich je eine Zeile geschrieben hätte, wäre ich im warmen Schoß der Familie, im sicheren Schweizernest geblieben. Liebe halte ich nur in homöopathischen Dosen aus, wenn ich zu viel davon bekomme, ersticke ich.

Das Frühstück war fertig. Meine Mutter hatte für mich frische Croissants geholt und Kaffee gekocht, mein Vater erkundigte sich, ob ich gut geschlafen und schön geträumt hätte. Sie waren hinreißend, die beiden, gut gelaunt und voller Tatendrang, wie immer kurz vor dem großen Fest, das sie generalstabsmäßig vorbereitet hatten. Ein bisschen aufgekratzt waren sie schon, auch wegen der Arbeit, die auf uns wartete. Die meisten haltbaren Lebensmittel hatten sie zuvor schon vor meiner Ankunft besorgt, es gab nur noch eine ellenlange Einkaufsliste für die Migros, so zogen wir mit sechs leeren Taschen los. Es war sehr voll, Vater und Mutter drängelten sich gekonnt zwischen den Regalen, ich folgte mit dem Wagen, bewunderte das eingespielte Team, das in null Komma nichts alles erledigte. Fast alles. Das Fleisch fehlte noch. Und wie jedes Jahr gab es damit ein Problem. Beinahe kam es zum Streit mit dem Verkäufer, weil die zwei vorbestellten Truthähne nicht gleich groß waren.

Ich habe noch nie verstanden, warum ein Unterschied von zweihundertfünfzig Gramm dramatisch ist, aber ich tat mein Bestes, um eine Lösung zu finden, wühlte durch einen Berg toter Vögel, fand nur welche, die entweder zu leicht oder zu schwer waren. Kurz wurde zwischen Mutter und Vater darüber verhandelt, ich hielt mich aus allem heraus, ihre jeweiligen Argumente kannte ich schon seit Jahrzehnten. Sie will lieber weniger Fleisch, er mehr, denn er hat Angst, dass die Gäste verhungern. Das war die einzige Unstimmigkeit des Tages.

Wir ackerten wie die Ochsen. Jeder für sich und doch gemeinsam. Ich schleppte Getränke, deckte den Tisch für dreißig Leute, faltete kunstvoll Papierservietten, schälte mehrere Kilo Kartoffeln und Karotten, verzichtete dieses Jahr darauf, die Eltern an die Erfindung von Tiefkühlprodukten und Tütenpüree zu erinnern, verzichtete darauf, meinen Vater zu ermahnen, weniger Salz zu verwenden, verzichtete darauf, meine Mutter zu bitten, endlich den scheußlichen Engel wegzuwerfen, den ich vor vierzig Jahren im Kindergarten gemalt hatte. Kurz, ich war eine perfekte Tochter, und alles lief so reibungslos, dass wir früher als sonst fertig wurden. Nach der Bescherung unter dem Tannenbaum spielten wir noch ein paar Runden Scrabble. Mein Vater mogelte, damit ich gewann, und ich mogelte, damit meine Mutter gewann, und es war wirklich gemütlich, aber die ganze Zeit kam ich mir wie eine Schlange vor. Gegen elf, als die Eltern ins Bett gingen, ging ich in die Kirche, um mein schlechtes Gewissen zu lindern. Das tat mir gut.

Mit Gold behangen empfing ich am nächsten Tag die Verwandten, die herausgeputzt wie die Könige ihre Geschenke brachten. Ich nahm ihnen die Mäntel ab, ließ mich willig einmal rechts, einmal links und noch einmal rechts küssen, küsste gewissenhaft zurück. Beim Apéritif war ich noch guter Dinge, doch schon beim Potage sank meine Laune. Ich löffelte schweigend, überlegte, wann der richtige Zeitpunkt sei, um die schöne Stimmung zu vermasseln, beschloss, noch ein wenig zu warten. Bei der Königinpastete lächelte ich scheinheilig in die Familienrunde und stimmte in den Lobgesang für die Köche ein, die Pastete schmeckte tatsächlich so gut, dass ich mich verführen ließ, eine zweite zu essen. Das war ein Fehler, denn gerade als ich damit fertig war und mich zu meinem großen Auftritt aufraffen wollte, wurden die Truthähne hereingebracht.

Alle applaudierten. Die zwei Riesenvögel, mit allerlei Köstlichkeiten gefüllt, sahen wahrlich so prächtig aus, dass mir das Wasser in den Mund kam, obwohl ich längst satt war. Gebannt beobachtete ich meinen Vater, der sein langes Tranchiermesser schärfte, und konnte es kaum erwarten, meinen Teller zu füllen. Ich aß eine gehörige Portion Fleisch mit Kartoffelbrei, Karotten und Erbsen, danach gab es eine Käseplatte und Nachtische ohne Ende: Fruchtsalat, Eis und etliche Torten, eine üppiger als die andere. Mit vollem Bauch saß ich träge und friedlich auf meinem Stuhl, nach dem Kaffee und mehreren Gläschen Schnaps spülte ich einen ganzen Berg Teller und Besteck mit Vettern und Kusinen zusammen, hörte nur auf, weil das Wasser mich daran erinnerte, dass ich auf die Toilette musste. Geduldig reihte ich mich in die Schlange ein, plauderte über Gott und die Welt mit einer Tante, fühlte mich rundherum wohl im Trubeljubel der Verwandten. Bis ich allein im Dunkel saß und es mir plötzlich elend wurde. Ich hatte versagt. Ich hatte nichts gesagt, ich hatte nicht einmal versucht, etwas zu sagen, ich war nicht aufgestanden, denn just in dem Augenblick, als mein Vater stolz wie ein Schneekönig mit seiner Küchenschürze ins Zimmer marschierte, gefolgt von zwei kräftigen Vettern mit den knusprig gebratenen Vögeln, hatte ich alles vergessen!

Eine Welle Zorn stieg hoch, ebbte gleich ab. Es war nicht zu spät, ich konnte es immer noch packen, noch hatte ich eine klitzekleine Chance, gehört zu werden, wenn ich sie nicht sofort ergriff, würde ich mich bis zu meinem Lebensende hassen, dachte ich und stürzte aus der Toilette. Im Esszimmer klopfte ich mit einem Messer gegen ein Glas. Alles verstummte. Es war wunderbar, sagte ich, prima Truthahn, saftig, köstlich, eine echte Wucht, und der Rest auch, aber nun möchte ich euch mitteilen, dass ich nächstes Jahr nicht komme.

Wenn du schon stehst, zünde doch die Kerzen am Baum an, sagte meine Mutter. Es ist schon dunkel draußen. Dann begannen dreißig Verwandte mehrstimmig zu singen, sämtliche Strophen von allen Weihnachtsliedern hintereinander. Ich setzte mich resigniert hin, bei jeder Pause wiederholte ich meine Botschaft, von Mal zu Mal leiser. Ach was, brummte der Onkel rechts von mir und füllte mein Weinglas randvoll mit Himbeerschnaps, trink noch einen Schluck, Kleines, das tut dir gut. Die Tante links stopfte mir den Mund abwechselnd mit Keksen und Mandarinenstückchen, während mich einige Kusinen mit Nüssen bewarfen, die sie vorsorglich geknackt hatten. Zu später Stunde verabschiedete sich jeder einzelne Verwandte von mir mit drei Küssen und einem fröhlichen „also, bis nächstes Jahr dann, und lass es dir gut gehen“.

Gegen Mitternacht war das Schlachtfeld geräumt. Ich spülte die letzten Gläser, der Vater zupfte die letzten Stückchen Truthahn von den Knochen, die Mutter kehrte die letzten Fetzen Geschenkpapier im Flur auf. Wir tranken Kräutertee, lobten einander und tauschten uns über die Verwandten aus, wie sich's gehört. Die Julie war noch dicker geworden, der Philippe noch dünner. Und blass der Onkel Claude. Kein Wunder, nach der Operation. Aber wie süß der Kleine von Martine, und das Pflegekind so angenehm zutraulich. Das war wirklich ein gelungenes Fest, sagte ich, aber nächstes Jahr komme ich trotzdem nicht. Na ja, sagte mein Vater nachdenklich, vielleicht bin ich nächstes Jahr unter der Erde. Red keinen Unsinn, sagte meine Mutter, in deiner Familie werden sie alle hundert. Und bitte schön, wer soll denn die Truthähne braten, wenn du nicht mehr da bist? Oh Gott, meine Trüffeln, ich habe vollkommen vergessen, meine Trüffeln anzubieten! Sie stellte eine Schachtel mit köstlichen Kugeln, die sie selber gemacht hatte, auf den Tisch, jeder nahm sich eine, ließ sie schweigend im Mund schmelzen. Mein Vater betrachtete zufrieden seinen Bauch von buddhistischem Umfang, stand auf, holte seinen Teller mit kaltem Truthahn. Für dich, falls du heute Nacht noch Hunger hast, sagte er mit einem schelmischen Lächeln. Nein, aber im Ernst, fügte er hinzu, das sind die besten Stücke, nur von der Brust, die habe ich für deine Zugfahrt vor den Barbaren gerettet.

Zwei Tage später kam ich in München an, schwer beladen wie ein Esel, im Gepäck hatte ich Geschenke, Putensandwiches, eine Schachtel mütterlicher Trüffeln, Wein und Zigaretten für meinen Freund. Ich umarmte und küsste ihn, dann sagte ich es ihm: Nächstes Jahr fahre ich hin, und all die Jahre danach, und ich habe meinen Eltern versprochen, dass du mitkommst! Niemals, antwortete er grimmig, du weißt doch, wie ich diesen ganzen Weihnachtszirkus hasse. Ich lächelte nur. Bis dahin kriege ich ihn schon rum. So was liegt bei uns im Blut.

Fabienne Pakleppa

(geb. 1950 in Lausanne) Die Schweizer Schriftstellerin arbeitete in der Psychiatrie und in der Filmbranche, unterrichtete an Schulen und Volkshochschulen und war Übersetzerin, Lektorin und Journalistin, bevor sie sich endgültig dem Schreiben von Romanen, Kurzgeschichten und Hörspielen widmete. Sie lebt in München.

Eine Wolke von Tannenbaumduft

Am Weihnachtssonntag 1851.

Ich bin in diesen Tagen ein rechtes Weihnachtskind gewesen; darum wollt Ihr, liebe Freunde, Euch auch nicht wundern, wenn dieser Brief zum Teil von einem Kinde geschrieben wird. Ich sitze hier in unserm Saal, der das Wohnzimmer für die Festtage ist, und vor mir steht der Weihnachtsbaum – und welch einer! Die schönste Tanne meines Gartens, mit der Spitze fast an die Decke reichend, mit den unteren dicklaubigen Zweigen die Bütte (aus der Setzer'schen Haushaltung durch Detlef entlehnt) überhängend. Zuckerzeug von Meier aus Altona, Schleswig-Holsteinische Dragoner, Trommelschläger, Frösche in natürlicher Größe, Eisele und Beisele, Affen und gelbe Wurzeln usw. usw., kleine nackte Wachskinder, die jedes Mädchenherz entzücken müssen, schweben auf den Fahnenspitzen, unzählige Glaskugeln, goldene Eier, goldene Walnüsse und Pflaumen, denen ich die Arbeit dreier Feierabende widmete, während Propst Feddersen uns Arnims Appelmänner vorlas, Rosinengirlanden, Rauschgoldstreifen, bunt gefüllte weiße Netze, über deren richtige Konstruktion eine ganze Ratsversammlung gehalten wurde; und auf diesen wunderschönen Baum hatten wir außer der Hohlen Gasse den alten Propsten Feddersen (Käte ist bei uns auf Besuch), den würdigen kleinen Doktor und Detlef eingeladen, der im schönsten Staat anhero erschien; unsre alte Großmutter, die ein paar schlagartige Zufälle gehabt hat, war doch auch wieder so weit, um in der Kutsche erscheinen zu können. Nachdem fünf Personen sechs Stunden damit zugebracht hatten, nur um die Sachen in diesem ungeheuren Baum zu befestigen, wurden denn gestern Abend um 5 Uhr sechzig Wachslichter angezündet, und ich konnte mir mit aufrichtiger Befriedigung sagen: Ein solcher Weihnachtsbaum brennt vielleicht heut Abend in ganz Schleswig-Holstein nicht mehr. („Germania, das große Kind, erfreut sich wieder seiner Weihnachtsbäume.") Übrigens war ich doch eigentlich nicht hochmütig auf meinen Baum, die letzte Phrase ist mir heut so nachträglich aufs Papier gekommen. Ein eignes Gefühl war es aber, dass der Baum noch lebendig ist und nach Neujahr wieder in die Erde soll …

Was wird der den Vögeln zu erzählen haben! Hans, der, bis der ersehnte Ruf erscholl, wie eine Stahlfeder, sooft die Tür aufging, gar nicht in der Vorstube zu halten war, wurde denn so mit Spielzeug von allen Seiten überhäuft, dass er eigentlich zu keinem einzelnen ein rechtes Interesse fassen konnte, er bekam zwanzig verschiedene, zum Teil größere Sachen, darunter vier Bilderbücher, und in der Tat die Creme vom diesjährigen Kinderbilderbüchermarkt: Glasbrenners Marzipan, Bürkners Fibel, Deutsches Weihnachtsbuch von Heger und ein älteres, Speckters Fabeln. Der kleine Ernst hatte an allem die unaussprechlichste Freude, er saß auf der Diele und trommelte auf seiner kleinen Trommel, und dann hielt er wieder still und brach in lauten Triumph und Bewunderung aus und rief Papa oder Mama oder sonst einen entzückenden Laut aus seiner kleinen Kinderkehle. Der Baum mit seinen Lichtern machte die Luft in dem großen Saal fast glühend, sodass wir die Saaltüren öffnen mussten. Die alte Großmutter saß ganz selig im Sofa bei diesem Kinderschein, sie wünschte uns, dass wir noch viele so schöne Abende verleben möchten; aber es sei wohl ihr letzter, sie habe sich so darauf gefreut, noch einmal das Fest mit uns zu erleben, dass sie in den letzten Tagen jede Stunde bis zu diesem Abend gezählt habe. Nachdem der Baum etwa anderthalb Stunden gebrannt hatte, wurden die Lichter ausgetan, wogegen Hans freilich aufs energischste protestierte, und nun gab es in dem ganz verfinsterten Saal Schattenspiel an der Wand und Transparentkasten. Nach sieben Uhr fuhr dann die Hohle Gasse nach Haus, und die Kinder wurden zu Bett gebracht; der Rest der Gesellschaft besah nun die Bilderbücher, die vierundzwanzig ersten Münchner Bilderbogen und die Schiefertafelbilder, die ich für Weihnachtsabend angeschafft hatte. Wir saßen in der angenehmsten Wolke von Tannenbaum- und Weihnachtskuchenduft, dann kam noch das unerlässliche Festgericht, Fische und Futjen (so schreib ich diese Lieben); und dann war die Polizeistunde und die vollständige Müdigkeit da. Für ein kleines Mädchen unsrer Waschfrau hatten wir auch einen Weihnachtsteller ausgerichtet; die war auch unser Gast, und wahrscheinlich der seligste. – Das war unser Weihnachten.

Theodor Storm

(geb. 1817 in Husum – gest. 1888 in Hademarschen) Kein anderer Dichter hat so viele Weihnachtsbriefe geschrieben wie Theodor Storm. Die Weihnachtszeit war für ihn ein Höhepunkt des Jahres, den er sorgfältig vorbereitete und ausführlich dokumentierte.

VERTRAUEN

Weihnachtslied

Die Nacht ist vorgedrungen,
der Tag ist nicht mehr fern.
So sei nun Lob gesungen
dem hellen Morgenstern!
Auch wer zur Nacht geweinet,
der stimme froh mit ein.
Der Morgenstern bescheinet
auch deine Angst und Pein.

Dem alle Engel dienen,
wird nun ein Kind und Knecht.
Gott selber ist erschienen
zur Sühne für sein Recht.
Wer schuldig ist auf Erden,
verhüll nicht mehr sein Haupt,
Er soll errettet werden,
wenn er dem Kinde glaubt.

Die Nacht ist schon im Schwinden,
macht euch zum Stalle auf!
Ihr sollt das Heil dort finden,
das aller Zeiten Lauf
von Anfang an verkündet,
seit eure Schuld geschah.
Nun hat sich euch verbündet,
den Gott selbst ausersah!

Noch manche Nacht wird fallen
auf Menschenleid und -schuld.
Doch wandert nun mit allen
der Stern der Gotteshuld.
Beglänzt von seinem Lichte,
hält euch kein Dunkel mehr.
Von Gottes Angesichte
kam euch die Rettung her.

Gott will im Dunkel wohnen
und hat es doch erhellt!
Als wollte er belohnen,
so richtet er die Welt!
Der sich den Erdkreis baute,
der lässt den Sünder nicht.
Wer hier dem Sohn vertraute,
kommt dort aus dem Gericht!

Jochen Klepper

(geb. 1903 in Beuthen an der Oder – gest. 1942 in Berlin) Der evangelische Theologe schrieb auch Romane und arbeitete als Journalist. Vor allem seine geistlichen Lieder haben große Verbreitung gefunden. Nach Martin Luther und Paul Gerhardt ist er der dritthäufigste Autor in evangelischen Gesangbüchern.

Durch Nacht und Eis

Weihnachten stand vor der Tür. Während wir in Gedanken unsere Lieben daheim im alten Norwegen alles zum Feste instand setzen sehen, während wir sie schauen, wie sie backen und braten, großes Reinemachen abhalten und sonst noch hundert Dinge zu bedenken haben, um, jedes nach seinem Vermögen, allem einen so festlichen Anstrich als nur möglich zu verleihen, darf man nicht glauben, dass wir an Bord der „Fram“ nicht auch „Weihnachtsvorbereitungen“ trafen.

Ja, und ob! Wir hielten großes Scheuerfest sowohl auf dem Schiffe wie an uns selbst und machten im Salon und in den Kabinen rein. In der Küche ist gebacken und gebraten worden, Weihnachtsgebäck, Puddinge und Pastetchen, dass es im ganzen Schiffe nach Weihnachten geduftet hat. Und das Weihnachtsfest vor Augen, haben wir längere Zeit an unsern mittäglichen Bierrationen gespart, und dann haben wir auch unser Gehirn angestrengt, damit die Weihnachtsnummer der „Framsjaa“ mit einem Inhalt, der sich sehen lassen kann, Staat machen darf.

Der Heilige Abend kam, mit ihm die anderthalbjährige Wiederkehr des Tages unserer Abfahrt von Christiania.

Diese beiden Dinge zogen unsere Gedanken mehr als je nach der Heimat hin, erweckten schmerzliches Sehnen und damit auch ein wenig Schwermut, sodass wir vom Morgen an ziemlich still umhergingen, kurze Fragen über das Allernotwendigste taten und ebenso einsilbige Antworten gaben. Aber im Laufe des Tages wurde die Stimmung lebhafter, und als nach einem wirklich guten Mittagessen die „Framsjaa“ hervorgeholt und vom Redakteur laut vorgelesen wurde, fand sie in uns allen eine sehr gespannte, begeisterte Zuhörerschar. Aus ihrem Inhalt erlaube ich mir hier einige Verse des Gedichtes „Weihnachten 1893“ abzudrucken, denn ich glaube, dass dieses bei all seiner Einfachheit der an diesem Tage in uns allen herrschenden Stimmung am besten Ausdruck verleiht.

Weihnachten 1893.
Im Norden hoch in der Normannen Lande,
Da eilt gar oft vom Heimatstrande
Ein Jüngling fort aus trautem Vaterhaus,
Denn in die Fremde zieht es ihn hinaus.
Millionen-Städt in Süd und Nord
Sieht er von seines Schiffes Bord.
Auf andres fiel doch unser Sinn,
Uns zieht es nach dem Norden hin.
Nach unbekanntem Lande.

Doch nicht allein den, der zur Ferne eilt.
Lässt die Trennung seltsam erbeben.
Heiß klopft auch ein Herz, das daheim noch weilt
Und vermisst dich stündlich im Leben,
Und noch mehr als sonst, wenn Weihnacht naht.
Wenn Schnee bedecket jeglichen Pfad,
Wenn jeder sein Heim auf das Beste schmückt

Und manch lieber Gast das Haus beglückt. –
Vereint lasst nun unsere Wünsche erschallen:
Gesundheit und Glück unsern Lieben allen!
Geduld nur – am Pole harrt unser das Glück,
Und der nächste Frühling führt uns zurück!

Um 7 Uhr abends wurde mit der Schiffsglocke das Fest eingeläutet. Es klang hier in der Einsamkeit des Polareises seltsam feierlich, beinahe wie ein aus der Ferne herübertönendes Echo aller der Hunderte von Glocken, die gerade jetzt daheim landaus, landein in Haus und Hütte das Weihnachtsfest verkünden. Wir waren in die rechte Weihnachtsstimmung gekommen und sie verflüchtigte sich auch durchaus nicht, hob sich vielmehr noch, als nach dem sehr gemütlichen Abendessen zwei Kisten mit Geschenken hereingebracht wurden, die Scott-Hansen's jetzige Frau, dazumal noch Fräulein Anna Fougner, und seine Mutter bei der Abreise der „Fram" mitgeschickt hatten. Jeder von uns erhielt eine oder mehrere Gaben, die unter großer Heiterkeit und Freude ausgeteilt und mit einer Dankbarkeit in Empfang genommen wurden, wie sie nicht größer sein konnte.

Aber es war auch wirklich zu hübsch von den beiden Damen, schon so lange im Voraus daran zu denken, dass auch für uns ein Weihnachtsfest kommen würde, und so viel zu tun, um es für uns zu einem fröhlichen zu machen. Wir fühlten uns dadurch auf einmal der Heimat näher gerückt. Keiner von uns wird ihnen dies je vergessen.

Der Rest des Abends verging mit Gesprächen über dies und jenes, hauptsächlich jedoch über unsere Lieben zu Hause. Wir wurden auch mit Weihnachtssüßigkeiten traktiert; jeder erhielt einen Teller voll Rosinen, Feigen, Krachmandeln, Marzipan und Cakes. Und schließlich bekamen wir an diesem Abend das erste „echte" Glas Grog seit unserer Abreise von Norwegen; wir konnten sogar wählen, ob wir Whisky oder Kognak wollten. Das Einzige, was uns die Gemütlichkeit ein bisschen „verdunkelte", war, dass wir infolge der Windstille auf das elektrische Licht verzichten und uns mit Lampenlicht begnügen mussten. Es war aber trotzdem urgemütlich, als wir an unserm warmen Grog nippten und unsere Pfeifen rauchten, und erst zwischen 3 und 4 Uhr morgens trennten wir uns.

Eine Episode von unserm ersten Heiligen Abend, die ebenso scherzhaft war, wie sie andererseits einen seltsamen Eindruck auf uns machte, muss ich noch erwähnen.

Wir waren gerade im Begriff, uns zum Abendessen niederzusetzen, alle in unsere Polartracht gekleidet, da trat durch die Salontür ein richtiger Elegant aus der Karl-Johann-Promenade in seinem Winteranzuge ein, behandschuht, einen glänzend schwarzen Zylinder auf dem Kopfe und ein Spazierstöckchen unter dem Arme. „Guten Tag, meine Herren", sagte er, „ich bringe Ihnen allen Weihnachtsgrüße von zu Hause, von allen Bekannten und Lieben. Es geht ihnen allen gut, aber sie sehnen sich unbeschreiblich nach Ihnen und zählen die Tage, bis sie Sie wieder in die Anne schließen können."

Es war Scott-Hansen, der uns diese kleine improvisierte Komödie vorspielte. Er trat die ganze Zeit über als Besuch auf und wir forderten ihn unsererseits nach guter alter norwegischer Sitte auf, sich zu uns zu setzen, mit dem, was das Haus zu bieten vermöchte, vorliebzunehmen und sich ganz als unsern Gast zu betrachten.

Am Morgen darauf, am ersten Feiertage, standen wir erst gegen 10 Uhr auf und machten, sieben Mann hoch, nach dem Frühstück einen tüchtigen vierstündigen Spaziergang auf den Eisfeldern. Das Wetter war schön und still bei 38° Kälte. Gegen 3 Uhr kehrten wir mit ungeheurem Appetit zum Mittagessen zurück, das aus Ochsenschwanzsuppe, Fischpudding mit Kartoffeln und geschmolzener Butter, Rentierbraten, Moltebeeren mit Sahne und Ringnes-Bockbier bestand.

Ich halte mich deshalb bei diesem Mittagessen besonders auf, weil in der Mitte des Tisches ein prachtvoller Baumkuchen prangte, von dessen Spitze die norwegischen Farben wehten und der, wie aus dem unten angeführten Begleitschreiben hervorgeht, ein Geschenk des Bäckers Hansen in Christiania war. Ich hoffe, der geehrte Spender wird nichts dagegen haben, wenn ich sein Schreiben hier anführe. Es lautete:

Hochverehrter Herr Dr. Nansen und mutige Genossen auf der Fahrt!

Empfangen Sie diese Kleinigkeiten, die Sie daran erinnern sollen, dass es daheim in allen Schichten der Gesellschaft Leute gibt, die Ihrer gedenken und Ihnen von Herzen fröhliche Weihnachten, ein gutes neues Jahr und Glück und Erfolg auf Ihrer kühnen Fahrt wünschen. Mit dem Wunsche, dass Gott Sie ans Ziel und wohlbehalten wieder nach Hause führen möge, zeichne ich mit aller Hochachtung vor unsern mutigen Männern

Ihr ergebener Schiffsbäcker

H. Hansen.

Ich brauche wohl nicht zu versichern, dass diese herzlichen Worte einen tiefen Eindruck auf uns machten, und wohl ebenso wenig, dass wir dem Kuchen volle Gerechtigkeit widerfahren ließen. Die übrigen Festtage und den Rest des alten Jahres über hatten auch wir „Weihnachtsferien". Da wurde außer dem Allernotwendigsten keine Arbeit vorgenommen, sondern wir vertrieben uns die Zeit mit Lesen – wir hatten ja eine gute Bibliothek –, mit ein wenig Karten- und Dominospiel und mit allerlei Vergnügungen im Freien, namentlich damit, mit Pfeilen nach einer Scheibe zu schießen.

Dann kam der Silvesterabend 1893 und wir nahmen von dem alten Jahre Abschied.

Fridtjof Nansen

(geb. 1861 auf Gut Store Froen bei Oslo – gest. 1930 in Lysacker) Weltberühmt wurde der Norweger Zoologe als Polarforscher. Zudem war er ein angesehener Politiker. Aufgrund seiner Verdienste um die internationale Flüchtlingshilfe erhielt er 1922 den Friedensnobelpreis.

Die Geschichte von der Schürze

Der Geistliche, welcher dem Pater Sankt Aloysius im Amt folgte, war schon ein alter Herr und besaß die üble Gewohnheit, während der Beicht immer einzuschlafen, wodurch die Nonnen ihr Seelenheil gefährdet glaubten und nicht eher ruhten, bis wieder ein junger, strenger Benefiziat an seine Stelle kam.

Mit wahrem Feuereifer waltete dieser seines Amtes und war unermüdlich darauf bedacht, alle Seelen ringsum vollkommen und makellos zu machen. Besonders Verfehlungen gegen die Kardinaltugend des Ordens, den heiligen Gehorsam, ahndete er mit unnachsichtlicher Strenge und gab denen, die sich in der Beicht eines derartigen Vergehens anklagten, die schwersten Bußen auf.

Trotzdem wurde mir die Ausübung dieser Tugend nicht leicht. Es war kurz vor dem Weihnachtsfest, dem zweiten, das ich im Kloster verlebte, dass ich mich schwer gegen dieselbe versündigte.

Um diese Zeit war ein großes Paket von meiner Mutter angekommen, das meine Weihnachtsgeschenke enthielt. Darunter war auch eine schwarze Kleiderschürze mit langen Ärmeln, wie ich sie mir schon seit Langem gewünscht hatte. Doch ich hatte sie noch nicht anprobiert, als schon ein Befehl unserer Präfektin kam, ich solle diese Schürze sofort in das Nähzimmer geben, damit man mir zwei kleine daraus mache; denn so sei dieselbe ganz gegen die heilige Armut und ich dürfe so etwas nicht tragen. Da sie mir sehr wohl gefiel, konnte ich mich nun lange nicht von ihr trennen und legte das schöne Stück einstweilen auf den Speicher, wo ich sie alle Tage ans Licht zog und wehmütig mit der Hand darüberstrich, sie an mich hinhielt, wieder zusammenlegte und sorgfältig versteckte.

Eines Tages aber ward die Versuchung, die Schürze einmal anzuziehen, in mir so mächtig, dass ich nicht mehr widerstehen konnte. Ich schlich mich also in die Garderobe, zog sie aus dem Koffer und schlüpfte rasch hinein, dann trat ich ans Speicherfenster und besah mich in der blinden Scheibe; denn Spiegel gab es nicht, und auch der meine war aus meiner Nähschatulle entfernt und ein Heiligenbild an seine Stelle geleimt worden. Da hörte ich plötzlich meinen Namen rufen, und herauf stürmte eine Kandidatin: „Magdalena! Magdalena! Geschwind komm zu Schwester Archangela! Es ist Probe für das Weihnachtsfestspiel!"

Ratlos sah ich mich um und zögerte mit dem Gehen, vergeblich an der Unglücksschürze nestelnd und zerrend, um die Knöpfe am Rücken aufzumachen; doch schon rief mir meine Kollegin zu: „Wenn du nicht gleich kommst, melde ich deinen Ungehorsam!", und schickte sich zum Gehen, worauf ich ihr folgte, immer noch bemüht, die Knöpfe aufzureißen. Auf dem Gang kam mir die Präfektin schon entgegen. Vergeblich suchte ich mich hinter der anderen Kandidatin zu verstecken; sie hatte mich schon erblickt und sah nun starr auf die verbotene Schürze, während ich fühlte, wie mir abwechselnd Röte und Blässe über die Wangen lief. Auch auf ihrem Gesicht erschienen ein paar hochrote Flecken, und mit den Worten: „Da, dies für deinen Ungehorsam, Rotzmädel!", gab sie mir ein paar heftige Schläge ins Gesicht. Darauf führte sie mich zum Superior und erzählte ihm meine Sünde.

Der greise Priester kündigte mir, nachdem er also schwere Anklagen gegen mich vernommen hatte, meine Entlassung an, indem er sprach: „Mache dich bereit, in drei Tagen bist du des Gehorsams ledig!"

Zwei Tage später kam ein Brief meiner Mutter, in dem sie ihren Besuch für Weihnachten ankündigte. Ich wollte mich trotzdem zur Heimreise ankleiden und stand trotzig am Speicher und verschloss eben meinen Koffer, als man mir meldete: „Du kannst noch bleiben, bis deine Mutter kommt!"

Ich erwartete also mit nicht geringer Aufregung ihren Besuch, obschon meine Lehrerin, Schwester Cäcilia, mir immer wieder Mut machen wollte: „Hab doch keine solche Angst, Magdalena! Ich mach schon alles wieder gut!"

Inzwischen hatte eine andere in dem Weihnachtsspiele meine Rolle übernehmen dürfen; es war schon ein älteres Mädchen und hatte keine Stimme, weshalb die Präfektin zu mir sagte: „Das soll deine Strafe sein, dass du deine Partie zwar singen, aber nicht spielen wirst! Du hast dich hinter ein Gebüsch zu knien und zu singen, und niemand wird deinen Gesang bewundern, dafür werde ich sorgen!"

Und sie sorgte dafür; denn als meine Mutter, die man ebenfalls zu dem Festspiel „Nacht und Licht" geladen hatte, nach Beendigung desselben mit mir zusammen war, sagte sie: „Was war denn jetz dös, Leni? I hab doch deutli dei Stimm g'hört, hab di aber nirgends g'sehgn. Oder hat am End die Kloane, die's Licht g'macht hat, die gleiche Stimm wie du?"

Da erzählte ich ihr weinend die Geschichte von der Schürze und erwartete mit Angst großen Tadel. Doch wider Erwarten gab sie mir nicht nur recht, sondern ward sehr zornig und empörte sich über die Willkür, mit der man ihr Vorschriften machen wolle, wie sie ihr Geld auszugeben habe: „Was? Passt hat's eahna net, dass i dir den Kleiderschurz g'schickt hab? I moan, dass i um mei guats Geld kaafa ko, was i mag, und brauch koane von dene Fluggen z'fragn, ob's arm g'nua is oder net!"

Als dann die Besuchsstunde bei den Obern gekommen war und meine Mutter gebeten wurde, im Sprechzimmer zu erscheinen, ging sie mit großen Schritten hinein und sagte nur ganz kurz: „Guten Tag." Da hörte sie nun nichts als Klagen über mein weltliches Betragen und besonders über den frevelhaften Ungehorsam, den man mir mit den schärfsten Strafmitteln vergeblich auszutreiben versucht hätte.

Schweigend und finster blickend hatte sie zugehört und sagte jetzt bloß: „Herr Superior, lassen Sie's ihr Sach z'sammpacken, i nimm's mit hoam!"

Dies wurde ihr jedoch widerraten und man versprach ihr, es noch einmal mit mir versuchen zu wollen, worein die Mutter nach einigem Sträuben unter der Bedingung willigte, dass man mir meinen Fehler nicht weiter nachtrage, sondern gut zu mir sei.

Also reiste sie an dem Tag wieder ab, ohne mich mitzunehmen. Beim Abschied aber sagte sie noch:

„Wenn wieder was is, na schreibst mir's; halt di nur brav und folg jetzt!"

Lena Christ

(geb. 1881 in Glonn – gest. 1920 in München) Nach einer schwierigen Kindheit und einer traumatischen ersten Ehe wurde Lena Christ von ihrem zweiten Ehemann zum Schreiben ermutigt. In nur sieben Jahren schuf sie ihr Lebenswerk. Bekannt geworden sind vor allem ihre „Erinnerungen einer Überflüssigen". 1993 wurde ihr Buch „Madam Bäurin" verfilmt.

Und Gott redet im Herzen

25. Dezember 1941 / Donnerstag
(Erster Weihnachtsfeiertag)
Von vielen Worten der Heiligen Schrift ausgeschlossen, darf ich dies bewahren. Dies besteht über einen selbst hinweg.

Wir, Hanni und ich, waren in der Kirche, einem großen Gottesdienst mit dem Abendmahl; wir waren auch zum Abendmahl, obwohl mich Angst und Entsetzen noch im Gottesdienst zurückzuhalten drohten, Angst, dass wir nicht zum Abendmahl gehen dürften. Aber noch ist die Hoffnung, dass Gott uns, auch wenn er uns den Menschen übergibt, in der „Stunde der Versuchung" bewahrt vor uns selbst. – Es war das erschütterndste Abendmahl, dessen ich mich entsinnen kann, denn während wir unter den Weihnachtsbäumen am

Altare knieten – es gingen wohl dreißig Menschen mit uns –, sang die übrige Gemeinde die Strophen von „Fröhlich soll mein Herze springen" –

„Gottes Kind, das verbind't sich mit unserem Blute –"

„Sollt uns Gott nun können hassen –"

„Sollte von uns sein gekehret, der sein Reich und zugleich sich selbst uns verehret?"

Hanni hatte sich einen stillen Feiertag gewünscht. Wir waren ganz für uns, nur wir drei. Da freilich nehmen die Gespräche die Wendung zum Schwersten, denn in jedem Herzen, in jedem von uns dreien, mahnt und ruft Gott. Um nichts anderes geht es: Zu Weihnachten auszulöschen – nicht zu sterben, sondern auszulöschen in aller Qual und allem Elend, die Gott auch über die Seinen kommen ließ und lässt, und einzugehen allein in sein Licht, indes das Menschliche im Herzen zerbricht.

Es ist das Weihnachten, an dem der Crucifixus das große, große Geschenk war.

„Und führe uns nicht in Versuchung. Sondern erlöse uns von dem Übel." Die Weihnachtslieder gehen uns nicht aus dem Ohr, nicht aus dem Herzen. „Sollt uns Gott nun können hassen –" „Sollte von uns sein gekehret –"

Renerle war nicht mit zum Abendmahl. Man hat noch keine Lösung für die christlichen Sternträger „überlegt". – Welche Worte schafft diese Zeit, wie dies nun zum grausigen Terminus technicus gewordene: die „Sternträger" –.

Heute war kein Jude mit dem Stern in der Weihnachtskirche. Das schwere Weihnachten der unterworfenen Völker.

26. Dezember 1941 / Freitag
(Zweiter Weihnachtsfeiertag)
Auch in der herrlichen Mittagssonne ist Renerle nicht zu einem Spaziergang zu bringen. Erst Herrn Schiller gelang es dann, sie zum Gang durchs weihnachtliche Nikolassee zu bewegen.

Schillers, Ursula F. und Hilde waren heute unsere Feiertagsgäste, und es war eine Feier von ganz besonderer Festlichkeit, in der unser Haus noch einmal seine ganze Schönheit entfaltete.

Ich hatte den Eindruck, dass so wie heute unser Haus in seiner ganzen Atmosphäre auf Hilde noch nie gewirkt hat; zum ersten Male sah Hilde unseren Prunk an Silber und als alle, alle Lichter des Weihnachtsabends noch einmal strahlten, auch der Christbaum, saßen alle wie verzaubert an dem kerzen- und blumen- und bändergeschmückten Kaffeetisch mit unserem unvergleichlichen Meißener Barockporzellan. Es war, als hätte die Welt durch mehr als zwei Jahrhunderte den Atem angehalten; vollendete Schönheit und Stille war's. Draußen war der sonnige Tag grau und kalt geworden, und der feine Schnee blieb liegen.

Hilde blieb auch über den Abend und als unsere anderen Gäste gegangen waren, gab's noch einmal ein großes, großes Weihnachtssingen aller, aller „unserer“ Weihnachtslieder.

Es war einer der schönsten Weihnachtstage, die wir je erlebten. Es war zum ersten Male wieder wie ein Bannkreis gegen Kummer, Angst und Sorge und alles getragen von so großer gegenseitiger Freundlichkeit.

Jochen Klepper

(geb. 1903 in Beuthen an der Oder – gest. 1942 in Berlin) Seit 1933 geriet Jochen Klepper wegen seiner Ehe mit einer jüdischen Frau zunehmend unter Druck. Eine seiner beiden Stieftöchter hatte rechtzeitig ausreisen können, der anderen drohte die Deportation. Unter dieser Last beging Klepper mit seiner Frau und deren Tochter Selbstmord. Doch bis zuletzt feierte er Weihnachten. Innig und voller Freude erlebte die Familie diese Zeit als Schutzwall gegen die Finsternis der Zeit.

Es gibt nur ein Glück

Auch früher schon, ehe die große Mahnung an uns ergangen war, bekam ich an Weihnachten je und je leise Widerstände, bekam einen etwas unangenehmen Geschmack auf der Zunge zu fühlen, wie bei einer Sache, welche zwar hübsch, aber nicht ganz echt ist, welche zwar allgemein Vertrauen und Achtung genießt, welcher man aber ganz heimlich doch ein wenig misstraut.

Jetzt, da die vierte Kriegsweihnacht kommt, ist der Geschmack auf der Zunge unüberwindlich geworden. Gewiss, ich feiere Weihnacht, weil ich Kinder habe, die ich nicht um eine Freude bringen will. Aber ich begehe diese Kinderweihnacht ebenso, wie ich in meiner Kriegstätigkeit die Gefangenenweihnacht begehe – als einen hergebrachten, festlich-offiziellen Akt verjährten Herkommens, verstaubter Sentimentalität. Den armen Kriegsgefangenen, die wir seit drei Jahren wie Schwerverbrecher schmachten lassen, schicken wir hübsche Kisten und Päckchen mit Tannenzweigen darin – es ist rührend, und ich fühle das Rührende daran selber zuzeiten stark, denke mir die Gefühle eines Gefangenen, der sein kleines Geschenkchen erhält, male mir aus, welch ein Strom von Erinnerungen ihn unter Umständen beim Duft eines Tannenzweiges überfallen kann. Aber auch das ist ja schließlich nichts als eine Sentimentalität.

Und ebenso wie wir die Gefangenen jahrelang einsperren, obwohl sie nichts getan haben, als sich von einem Sturmangriff oder einer gewaltsamen Erkundung überraschen zu lassen, und wie wir diese armen Hunderttausende und Millionen dann an Weihnachten mit einer gefühlvollen Gabe heimsuchen und sie an das Fest der Liebe erinnern, ebenso machen wir es mit unseren Kindern. Einmal im Jahr lassen wir sie sich an der Legende von der göttlichen Liebe freuen, sind einen Abend lang beim Christbaum mit ihnen rührend nett und erziehen sie im Übrigen zum selben Schicksal, das wir heut alle verfluchen.

Wenn der Kriegsgefangene mir das hübsche Weihnachtspaket, das ich ihm schicke, ins Gesicht schmeißt und den sentimentalen Tannenzweig mit Füßen tritt, so hat er ganz recht. Und wenn unsere Kinder uns am Lichterbaum unsere ganze Ergriffenheit und Erlöstheit durch das Christkind nicht recht glauben können und uns für ein wenig falsch oder doch für ziemlich komisch ansehen, so haben sie ebenfalls völlig recht.

Unsere Weihnacht ist, von den paar wirklich Frommen abgesehen, ja schon sehr lange eine Sentimentalität. Zum Teil ist sie noch Schlimmeres geworden, Reklameobjekt, Basis für Schwindelunternehmungen, beliebtester Boden für Kitschfabrikation.

Das kommt daher: Die Weihnacht und das Fest der Liebe und Kindlichkeit ist für uns alle schon längst nicht mehr Ausdruck eines Gefühls. Es ist das Gegenteil, ist längst nur noch Ersatz und Talmi-Nachahmung eines Gefühls. Wir tun einmal im Jahre so, als legten wir großen Wert auf schöne Gefühle, als ließen wir es uns herzlich gern etwas kosten, ein Fest unserer Seele zu feiern. Dabei kann die vorübergehende Ergriffenheit von der wirklichen Schönheit solcher Gefühle sehr echt sein; je echter und gefühlvoller sie ist, desto mehr ist sie Sentimentalität. Sentimentalität ist unser typisches Verhalten der Weihnacht und den wenigen anderen äußeren Anlässen gegenüber, bei denen noch heute Reste der christlichen Lebensordnung in unser Tagesleben eingreifen. Unser Gefühl dabei ist dieses: „Wie schön ist doch dieser Liebesgedanke, wie wahr ist es, dass nur Liebe erlösen kann! Und wie schade und bedauerlich, dass unsere Verhältnisse uns nur einen einzigen Abend im Jahr den Luxus dieses schönen Gefühls gestatten, dass wir sonst jahraus, jahrein durch Geschäfte und andere wichtige Sorgen davon abgehalten sind!" Dies Gefühl trägt alle Merkmale der Sentimentalität. Denn Sentimentalität ist das Sich-Erlaben an Gefühlen, die man in Wirklichkeit nicht ernst genug nimmt, um ihnen irgendein Opfer zu bringen, um sie irgend je zur Tat zu machen.

Wenn die Pfarrer und Frommen klagen, dass der Glaube und damit das Glück aus der Welt geschwunden sei, so haben sie recht. Unser Verhalten gegen alle wirklichen Werte des Menschen ist von einer Barbarei und Rohheit, wie sie die Welt seit Jahrhunderten nicht mehr gesehen hat. Dies zeigt sich in unserm Verhalten zur Religion, in unserm Verhalten zur Kunst, in unserer Kunst selber. Denn die beliebte Meinung, dass die Kunst des modernen Europa auf einer ungeheuer hohen Stufe stehe, ist ebenso ein Irrtum der Bildungsphilister wie die Meinung vom Vorhandensein einer hochstehenden und Respekt verdienenden „Kultur" unserer Zeit.

Der „Gebildete“ von heute verhält sich zur Lehre Jesu so, dass er das ganze Jahr hindurch an sie nicht denkt und nach ihr nicht lebt, dass er aber am Weihnachtsabend einer vagen, wehmütigen Kindererinnerung nachgibt und ein wenig in zahmen, wohlfeilfrommen Gefühlen schwelgt, ebenso wie er noch ein- oder zweimal im Jahre, etwa bei Aufführung der Matthäuspassion, dieser zwar längst verlassenen, dennoch aber noch unheimlichen und im Verborgenen mächtigen Welt seine Reverenz macht.

Ja, das alles gibt man zu, jedermann weiß es, und jeder weiß auch, dass es traurig ist. Schuld daran sind politische und ökonomische Entwicklungen, sagt man, schuld ist der Staat, schuld ist der Militarismus, und so weiter. Denn irgendetwas muss ja doch schuld sein. Kein Volk hat „den Krieg gewollt“, ebenso wie kein Volk den Vierzehnstundentag, die Wohnungsnot und die Kindersterblichkeit „gewollt“ hat.

Ehe wir wieder Weihnacht feiern und das Ewige und einzig Wichtige in uns mit einem verlogenen Ersatzartikel von Gefühl abspeisen, sollten wir uns lieber dieses ganzen Elendes recht bewusst werden, auch wenn es zur Verzweiflung führt. Schuld an unserem Elend, schuld an der Nichtigkeit und rohen Verödung unseres Lebens, schuld am Krieg, schuld am Hunger, schuld an allem Bösen und Traurigen ist keine Idee und kein Prinzip, schuld daran sind wir, wir selber. Und auch nur durch uns, durch unsere Erkenntnis, durch unsern Willen kann es anders werden.

Ob wir dann die Lehre Jesu wieder aufnehmen und uns neu zu eigen machen oder ob wir andere

Formen suchen, das ist einerlei. Die Lehre Jesu und die Lehre Laotses, die Lehre der Veden und die Lehre Goethes ist in dem, worin sie das ewig Menschliche trifft, dieselbe. Es gibt nur eine Lehre. Es gibt nur eine Religion. Es gibt nur ein Glück. Tausend Formen, tausend Verkünder, aber nur einen Ruf, nur eine Stimme. Die Stimme Gottes kommt nicht vom Sinai und nicht aus der Bibel, das Wesen der Liebe, der Schönheit, der Heiligkeit liegt nicht im Christentum, nicht in der Antike, nicht bei Goethe, nicht bei Tolstoi – es liegt in dir, in dir und in mir, in jedem von uns. Dies ist die alte, einzige, immer in sich gleiche Lehre, unsere einzige ewig gültige Wahrheit. Es ist die Lehre vom „Himmelreich", welches wir „inwendig in uns" tragen.

Zündet euren Kindern die Weihnachtsbäume an! Lasset sie Weihnachtslieder singen! Aber betrügt euch selber nicht, seid nicht immer und immer wieder zufrieden mit diesem ärmlichen, sentimentalen, schäbigen Gefühl, mit dem ihr eure Feste alle feiert! Verlangt mehr von euch! Denn auch die Liebe und Freude, das geheimnisvolle Ding, das wir „Glück" nennen, ist nicht da und nicht dort, sondern nur „inwendig in uns".

Hermann Hesse

(geb. 1877 in Calw – gest. 1972 in Montagnola) Romane wie „Der Steppenwolf", Gedichte wie „Stufen" sind der Grund dafür, dass Hesse bis heute ein viel gelesener Schriftsteller ist. 1946 erhielt er den Nobelpreis für Literatur. Während des Ersten Weltkriegs baute er die „Bücherzentrale für Kriegsgefangene" auf, die Bücher für deutsche Kriegsgefangene sammelte und verschickte.

Hoffnung

Noch einmal ein Weihnachtsfest

Noch einmal ein Weihnachtsfest,
Immer kleiner wird der Rest,
Aber nehm ich so die Summe,
Alles Grade, alles Krumme,
Alles Falsche, alles Rechte,
Alles Gute, alles Schlechte –
Rechnet sich aus all dem Braus
Doch ein richtig Leben raus.
Und dies können ist das Beste
Wohl bei diesem Weihnachtsfeste.

Theodor Fontane

(geb. 1819 in Neuruppin – gest. 1898 in Berlin) Vom Apotheker zum bedeutendsten deutschen Vertreter des Poetischen Realismus – das war der berufliche Weg Theodor Fontanes. Der vielseitige Schriftsteller schrieb unter anderem Reiseberichte („Wanderungen durch die Mark Brandenburg“), Romane („Effi Briest“) und Gedichte („Herr von Ribbeck auf Ribbeck im Havelland). „Es ist alles leidlich geglückt“, stellte er am Ende seines Lebens fest.

Christtag in Rom

Die Weihnachtszeit nahte, wo die Gedanken mehr als vorher nach der Heimat lenken und ein Heimwehgefühl das Herz dessen beschleicht, der allein in der Fremde lebt. Er weiß, dass daheim die Eltern, Geschwister, die Geliebte seiner unter dem Christbaum inniger gedenken und ihn vermissen werden. Am Christtag ging ich ins Café Greco, wo die Post einen großen Stoß Briefe abgelagert hatte, aber für mich war keiner darunter; freilich war der Postenlauf damals ungeregelter; ein Brief aus Deutschland war acht bis zwölf Tage unterwegs und geschrieben wurde mir ohnedies selten. Auguste konnte ihre Briefe mir nur durch den Vater zukommen lassen und dieser war kein Freund vom Briefschreiben; so blieben erstere oft lange liegen. Betrübt über meine getäuschte Erwartung ging ich zu Oehme, welcher gleiche Gefühle mit mir zu teilen hatte. Er hatte ein paar recht hübsche Kompositionen, getuschte Zeichnungen, gemacht. Die erste stellte den Orgelchor einer alten Kirche am Weihnachtsabend vor. Der Kantor mit seinen Knaben singen, von zwei Kandelabern beleuchtet, in die dunkle Kirche hinab. Auf den düstern Emporen sieht man betendes Volk, und das Mondlicht streift durch das gotische Fenster.

Die andere Zeichnung zeigte ein altes Schloss mit hohen Renaissancegiebeln, das zwischen entlaubten alten Eichen hervorschaute und eine Reihe festlich erleuchteter Fenster zeigte. Vorn ein Wasser, darein der

Mond sich spiegelte. Seine Phantasie hatte ihn also ebenfalls in die Heimat getragen. Sein angefangenes größeres Gemälde, die von Camaldoli, war zart und schön in der Färbung; aber das Vedutenhafte dominierte. Koch fand es sentimental, wollte überhaupt von dergleichen empfindsamen Stimmungsbildern nichts wissen; denn er war seinem ganzen Wesen nach mehr eine antik-klassische als romantische Natur.

So hatte ich den Christtag einsam zugebracht, denn die Trattorien mussten um sieben Uhr schon geschlossen werden. – Am ersten Feiertag hatte ich den ganzen Tag fleißig gemalt und saß bei anbrechender Dämmerung noch vor dem Bilde, obwohl ich Pinsel und Palette längst weggelegt hatte, und war mit den Gedanken in der Heimat, nach der ich mit Wagner zum Frühjahr wieder zurückkehren wollte.

Ich schürte die Glut des Focone, denn draußen wehte eine kalte Tramontana, und das Gebirge lag voll Schnee. So in der Zukunft schwärmend und die Vergangenheit der letzten Jahre bedenkend, durchströmte mich plötzlich eine seltsame, aber recht glückliche, friedensvolle Empfindung. Es war, als wenn ein Engel durchs Stübchen gegangen und einen Hauch seiner Seligkeit darin zurückgelassen hätte. Mir kam plötzlich mein Leben wie in einem großen, freundlichen Zug vor Augen und ich glaubte, die unsichtbare Hand zu erkennen, die mich bisher so freundlich geleitet, die mich über all mein Erwarten mit Gütern erfüllt hatte, die mir eine Verheißung für die Zukunft waren. Zum ersten Male, vielleicht seit Jahren, konnte ich dankbar und innig freudig die Hände falten im Gebet, konnte beten so recht wahrhaft aus innerstem Antrieb, wie ich es vorher nie gekonnt.

Ludwig Richter

(geb. 1803 in Dresden – gest. 1884 in Dresden) Richter war ein bedeutender Maler und Zeichner der Romantik und des Biedermeier. Vor allem als Märchenillustrator machte er sich einen Namen. Mit seinen Arbeiten zu den „Volksmährchen der Deutschen“ von Johann Karl August Musäus schuf er eines der schönsten illustrierten Bücher des 19. Jahrhunderts.

WIE WUNDERBAR DAS KLINGT

Inzwischen war es Adventszeit geworden. Ganz besonders schön waren die Festzeiten im kleinen Königsfeld. Es gab so viele alte Herrnhuter Sitten, an denen das Städtchen festhielt und die dem Leben dort ein eigenes Gepräge gaben. Aber von allen Festzeiten war Advent und Weihnacht mir dort die liebste Zeit. Am Abend vor dem ersten Advent versammelten sich alle Patienten des Sanatoriums im großen Speisesaal, Berge von Tannengrün haben sie aus dem Walde geholt. Wir winden Adventskränze und singen dazu die alten Adventslieder:

„Macht hoch die Tür, die Tor macht weit.
Es kommt der Herr der Herrlichkeit.“

Jedes Krankenzimmer bekommt seine Tannenkrone, die an bunten Bändern von der Decke herabhängt. Diese ganze Zeit steht unter einer besonderen Weihe; jedes Haus hat seinen Stern, seine Kränze, und überall hört man Adventslieder singen. Oft wandere ich abends durch die stillen verschneiten Straßen, sehe die farbigen Sterne, die von der Zimmerdecke herabhängen, und horche auf das Singen, das gedämpft hinter geschlossenen Fenstern zu mir herüberklingt.

So kommt das Weihnachtsfest heran. Ich habe den Patienten versprochen, am ersten Feiertag ein „livländisches Weihnachten“ mit ihnen zu feiern, verrate aber nicht, welcher Art das Fest sein wird.

Tagelang bin ich im Wald umhergestreift und habe endlich nach langem, vergeblichem Suchen einen kleinen Tannenbaum gefunden, der frei dasteht in der verschneiten Winterwelt. Diesen Baum will ich zu Weihnachten mit Lichten schmücken und sie anzünden, wenn es dunkel geworden ist. So haben wir's in der Heimat öfter gemacht.

Der erste Weihnachtsfeiertag ist gekommen. Die Luft ist still und kalt, die Tannen stehen tief gebeugt unter ihrer Schneelast. Ich bin vorher allein in den Wald gegangen und habe mein Bäumchen über und über mit Lichten geschmückt, nun warte ich auf die andern. Eine von den Patienten ist eingeweiht, sie führt die ganze Schar durch die tief verschneiten Waldwege, alles ist voll feierlicher Erwartung.

Ich zünde die Lichte an, denn ich höre sie kommen. Durch den stillen Wald klingt hell und lieblich das alte Weihnachtslied:

„Es ist ein Ros entsprungen
aus einer Wurzel zart.“

Mein Bäumchen steht auf einer kleinen Lichtung, mächtige Schwarzwaldtannen halten ringsum die Wacht. In der regungslosen Luft steigt die Flamme still und gerade empor, darüber der Nachthimmel voll funkelnder Sterne.

Nun biegen sie um die Waldecke, und vor ihnen liegt das strahlende Wunder in verschneiter Winternacht.

Das Singen verstummt, schweigend kommen sie näher und umstehen den Baum. Ich stimme an:

„Stille Nacht, heilige Nacht.“

Alles singt mit; wie wunderbar das klingt in dem großen Schweigen der Wälder!

Das Licht der Weihnachtskerzen fällt auf die Gesichter der Versammelten, es ist ein feierlicher Ausdruck, den sie alle tragen, und wir erleben in unseren Herzen „stille Nacht, heilige Nacht“.

Monika Hunnius

(geb. 1858 in Riga, Lettland – gest. 1934 in Riga) Nach dem Ersten Weltkrieg lebte Monika Hunnius einige Jahre lang im Schwarzwald. Neben ihrer Tätigkeit als Schriftstellerin arbeitete sie dort als Gehilfin in einem Sanatorium.

Ihre Augen glänzten vor Seligkeit

Der Zufall hatte gefügt, dass ich mit der schlesischen Dichterin Agnes Franz in demselben Hause wohnte, der Verkehr mit ihr und ihrem Haushalt gehört zu den holdesten Erinnerungen jener Jahre. Von Aussehen war sie ein ältliches, verwachsenes Fräulein, mit einem etwas großen Kopf und etwas kurzem Hals, sie trug eine schwarzseidene Mantille mit Krausen, welche leise und geisterhaft raschelte, wenn sie in Bewegung geriet. Eine Schwester hatte ihr auf dem Totenbett vier kleine Waisen vermacht, welche ihre Familie bildeten; sie bewohnte daher drei Treppen hoch eine Kinderstube und eine gute Stube, die als Salon betrachtet wurde. Ein großes Mansardenfenster mit Efeu umzogen, ein altes Fortepiano, ein Bücherschrank und ein kleiner Schreibtisch gaben dem bescheidenen Raum ein wohnliches und poetisches Aussehen. In der Stube erzog sie die Kinder, schrieb ihre Gedichte, Parabeln und Novellen, und empfing ihre Freunde beim Tee. Mochte sie aber tun, was sie wollte, es lag sehr viel Frieden, Freude und Seligkeit auf ihrem gar nicht hübschen Gesicht. Auch wenn sie weinte, sah sie zufrieden und glücklich aus. Und was merkwürdig war, wer in ihre Nähe kam, geriet in eine ähnliche zufriedene Stimmung. In der Stube roch es durch das ganze Jahr nach Wachsstock und Tannen, die Brezeln auf dem Teller hatten ein so schlaues Aussehen wie Zauberbrillen, die man nur auf die Nase zu setzen braucht, um Elfen tanzen zu sehen, und man musste sich sorgfältig hüten, irgendetwas, das an irgendeinem Ort lag, anzusehen, weil man zu befürchten hatte, dass es ein kleines Geschenk sei, welches die Freundin bis zum rechten Augenblick versteckt hielt.

In ihren Gedichten und Erzählungen hatte sie oft mit Blumen, Engeln und dem lieben Gott Verkehr. Wenn ein Fremder das las, wurde ihm manchmal des Guten zu viel; wenn man mit ihr umging, merkte man davon nicht mehr, als für die gute Laune nötig war, ja man merkte überhaupt nicht, dass man bei einer Dichterin saß. Ein Jahr lang waren wir gute Leute gewesen, ohne dass ich ein Wort von ihr gelesen hatte. Und als ich ihr einmal in einer Stunde gegenseitiger Zufriedenheit das erzählte, geriet sie ernsthaft in Sorge und meinte, ich sollte das niemals tun, denn ihr Dichten könne uns Männern nicht gefallen, und dabei sah sie so liebevoll besorgt und befangen aus, dass das Weltkind hingebend wurde und alles las, was sie geschrieben hatte. Doch verband uns eine gemeinsame literarische Neigung, die für Märchen und Sagen. Mit Adalbert Kuhn hatte ich in Berlin mich darum gekümmert und seitdem ein wenig Volksüberlieferungen gesammelt. Freilich hatte Agnes nicht dieselben Gesichtspunkte, sie dachte an ihre Kleinen, ich an allerlei, was für Kenntnis alter Zeit daraus zu gewinnen war; aber wir teilten doch unsere Habe einander eifrig mit. Ich untersuchte auch gern ihren Büchertisch, auf dem um Weihnachten die neuen Kinderbücher aufgetürmt standen, welche ihr gefällige Freunde oder Buchhandlungen zugesandt hatten. Noch fehlte sehr der Bilderreichtum und die schöne Kunst, woran sich jetzt unsere Kinder freuen sollen. Aber die Erzählungen und spielenden Nachbildungen echter Märchen waren nicht viel anders als sie jetzt in der Mehrzahl sind. Doch alle kritischen Bedenken mussten schweigen gegenüber der frohen Wärme, mit welcher die Freundin ihre Schätze vorzeigte, vornehme Kinderschriften von starkem Leibchen mit schönem bemalten Mantel und arme dünne Bettelmannsbüchel mit grauem Papier und undeutlichen Holzschnitten. Noch gab es in ihrem Bücherhaufen rotkämmige Hähne, welche Groschen auskrähten; unartige Jungen fuhren auf Kähnen oder kletterten auf Bäume oder neckten böse Hunde, bis sie zum warnenden Beispiel für ihr Jahrhundert ins Wasser fielen, Beine brachen und gebissen wurden; artige Mädchen spielten mit ihren Puppen, während sich rote Bänder in kühnen Windungen um die weißen Kleider schlängelten; schwarze Köhler verwandelten sich in gute Berggeister, welche hungernden Eltern goldene Äpfel einbescherten; unbegreiflich und höchst überraschend wurde die allerverborgenste Tugend an das hellste Licht gebracht und das kleinste Unrecht auf das Allergenaueste bestraft. Und wie verständig und wohlwollend benahmen sich selbst die Tiere jeder Art! Was der Hund sagte und der Frosch erzählte, was das Rotkehlchen erlebte und das Pferd gegen das Zebra äußerte, es war alles unglaublich verständig und gebildet. Sogar die Figuren ihrer Märchenwelt! Viele Prinzen in roten Sammethosen bestanden Abenteuer, in denen jeder andere stecken bliebe, ihnen aber war die Sache Kleinigkeit, weil sie unermesslich tapfer waren und vortreffliche Zauberhilfe hatten.

Was konnte uns der gräuliche Drache mit seinem feurigen Maul ängstigen, oder der schändliche Oger, welcher sich bemüßigt sah, kleine Kinder zu fressen? Wir wussten recht gut, dass diesen Bösewichtern zuletzt von unsern Lieblingen der Kopf abgeschlagen wurde. Vollends die kleinen, braunen Männchen und die Feen und die guten Zauberer. Wie freundlich sie hin und her trippelten, wie sie immer gerade zu rechter Zeit erschienen, welche nützlichen Geschenke sie zu geben wussten, kleine Nüsse, in denen ungeheure Zelte steckten, und wandelnde Stecknadeln, welche selbstständig den Feind in die Beine stachen. Eine solche Fee war die Fränzel selbst, die gute Frau Holle in ihrer kleinen verkrausten Geisterwelt.

An den Winterabenden, wenn die vier Kleinen um den Sessel der Tante sprangen und das Lampenlicht wohlgefällig über den weißen Teetassen glänzte, gab es eine endlose Reihe von Kinderfesten. Da war das Bratäpfelfest, wo die Kinder wie Indianer um die große Schüssel voll Äpfel einen Kriegstanz aufführten und kleine Lieder sangen, welche Fränzchen auf dem alten Klavier begleitete, bis zuletzt Alt und Jung in der Stube herumwalzte, während Agnes unaufhörlich und lächelnd die Musik machte, ja bis selbst Tische und Stühle zuvorkommend ihre Beine einzogen und das eckige Wesen verbargen, weil ohne ihre Nachgiebigkeit das Tanzen in dem engen Raum unmöglich gewesen wäre. Dann das Fest des Bleigießens, wo Agnes es sich nicht nehmen ließ, allen jungen und alten Gästen die Bedeutung ihres Gusses auszulegen. Wie schelmisch und fein tat sie das, sodass Gelächter und sanftes Erröten der jungen Damen gar nicht aufhörte; und ferner der Abend der schwimmenden Nussschalen, wobei ungewöhnlich viel Nüsse verbraucht und zuletzt Volkslieder und Kanons gesungen wurden, Prinz Eugen der edle Ritter, und die Glocke von Kapernaum – und endlich gar das eigentliche Christfest!

Schon vier Wochen vorher war die Freundin in stiller Aufregung. Die Mantille rauschte doppelt geisterhaft, die Stube war unwegsam, wie ein Schiffsverdeck, durch herrenlose Dinge, welche mit großen Tüchern so sorgfältig verdeckt waren, dass nur selten ein Hanswurstbein oder eine Bandschleife hervorzugucken wagte. Und wie nähte, schneiderte und strickte die Agnes. Ich traf sie einst in ihrer Stube, als sie über einen großen Regenschirm von rotem Baumwollenzeug hergefallen war und mit der Schere begeistert hineinschnitt; sie hing an ihm wie eine Hummel in dem Kelch einer Tulpe. Und als ich sie frug, weshalb sie gegen den guten alten Schirm wüte, setzte sie mir schlau auseinander, dass er ein prächtiges Futter abgeben werde für den Burnus ihres kleinen Pflegesohnes. Und das ist wahr gewesen, kein Mensch hat dem Mäntelchen angemerkt, woher sein Inwendiges stammte, und wenn der kleine Kerl darin umherlief und wir ihm zusahen, dann winkte sie mir mit glücklichem Gesicht geheimnisvoll zu.

Schon am frühen Morgen des Christfestes sah man Leute zu ihr hinaufschleichen, solche Leute, die nicht auf der Sonnenseite des Lebens dahingehen, mit Krücken, mit zerrissenen Schleiern vor dem Gesicht, und Bettelkinder auf allen Vieren. Und häufig konnte man nachher die Agnes sehen, wie sie mit Hut und Mantille aus ihrem

Dachstübchen herabstieg und durch den Winterschnee wanderte, bald in schlechte Hütten, bald in die Häuser der Reichen, um dort für die Armen zu bitten.

Die Pracht der Einbescherung aber zu schildern, wäre niemand imstande. Diese vielen Wachsstöckchen und großen Weihnachtsbäume und die Masse von kleinen Geschenken auf zwei langen Tafeln in vielen Portionen, und bei jeder ein allerliebstes grün und rot gemaltes Licht. Zuerst kamen die Armen, dann die Kinder, die Freunde. Jeder erhielt und versuchte zu geben. Es war ein wirres Durcheinander von Danksagungen und Händedrücken, von hübsch gespieltem Erstaunen und freudigem Aufjauchzen. An dem Abend saß die kleine Dame zuletzt da wie eine Königin, etwas müde und angegriffen von dem Lärm und der Freude, aber ihre Augen glänzten von Seligkeit und Rührung.

Gute Freundin! Deine Bücher für Kinder sind von vielen vergessen, du selbst schläfst seit Jahren den ewigen Schlaf, doch wie auch die Gegenwart unsere Seele in Anspruch nimmt, wenn Weihnacht herankommt, der Schnee an den Fenstern hängt und die Klingel die Gegenwart des Christkinds meldet, dann wenigstens werden die Alten, die dich geliebt haben, deiner gedenken!

Gustav Freytag

(geb. 1816 in Kreuzburg – gest. 1895 in Wiesbaden) Eigentlich strebte er eine Universitätskarriere an. Doch bekannt wurde Gustav Freytag als Autor von Dramen, Romanen („Soll und Haben“) und Sachbüchern. Die weihnachtliche Begegnung hat er in seiner Autobiografie „Erinnerungen aus meinem Leben“ festgehalten.

Danke schön, Christkind

Es war an einem Weihnachtsabend in Zoar. Ein Strom der Freude ging durch das Haus, so mächtig, wie man es an anderen Orten der Erde kaum erlebt. Da war ein Jubilieren und Musizieren in hundert Tönen zugleich. Am Rande des Zimmers aber ging ein Junge immer auf und ab, mit großen Schritten und eigentümlichen Kopfbewegungen. Er wandte sein Gesicht nicht wie die anderen Kinder dem Lichterbaum zu. Er freute sich nicht an den bunten Bildern, wie seine kleinen Kameraden. Er konnte es nicht, denn der kleine Willy war nicht nur fallsüchtig und schwachsinnig, sondern er war auch blind. Man hätte denken können, dass ihm die Tür zur Weihnachtsfreude ganz verschlossen sei. Aber nein, das war doch nicht der Fall. Er hatte eine Mundharmonika geschenkt bekommen. Darüber hatte er alles andere ringsumher vergessen. Unermüdlich wanderte er auf und ab und versuchte zu spielen. Wenn man genau hinhörte, konnte man merken, dass es das Lied sein sollte: „Ihr Kinderlein kommet!“ Die Töne waren nicht schön, die Harmonie sehr mangelhaft, aber das störte ihn nicht. Ihm schien es die schönste Musik der Erde zu sein.

Plötzlich aber sah ich, wie Willy haltmachte und die Harmonika vom Mund nahm. Er lauschte in den hundertstimmigen Chor hinein, der ringsumher das Zimmer füllte. Er horchte mit angespannter Aufmerksamkeit auf die Töne der anderen Instrumente seiner kleinen kranken Freunde. Nun ging ein Freudenschein über sein schmales Gesicht und ich hörte, wie er vor sich hin sagte: „Keiner hat eine!“ Er meinte offenbar, keiner außer ihm hätte eine Mundharmonika bekommen. Das machte ihm den Genuss doppelt groß; und unverdrossen setzte er seine Wanderung fort, hin und her und auf und ab, immer wieder blasend: „Ihr Kinderlein kommet!“

Nach einer Weile aber sah ich, wie er noch einmal stehen blieb und ein noch viel hellerer Schein über sein blasses Gesicht fuhr. „Danke schön, Christkind!“, sagte er leise, und dann wanderte er blasend weiter.

Mir aber war klar geworden, welch Sonnenschein durch diese Weihnachtsfreude auf den dunklen Weg des armen Jungen gefallen war. Der kleine Blinde hatte mir wieder gezeigt, was so einfach ist und doch so schwer: Da wird es hell in einem Menschenleben, wo man für das Kleinste danken lernt.

Friedrich von Bodelschwingh

(geb. 1902 in Bonn – gest. 1977 in Bethel) Der evangelische Theologe Friedrich von Bodelschwingh war ein Enkel des gleichnamigen Gründers der von Bodelschwinghschen Anstalten Bethel, einer diakonischen Einrichtung. Er leitete sie von 1946 bis 1969.

Ein Fest für alle Menschheit

Bremen, Wachtstraße 43
Immer noch Weihnachten
Lieber Freund,
mir ist die ganze Zeit so nach Weihnachten zumute und mir ist so, als müsste ich zu Ihnen kommen und Ihnen das sagen. Es ist solch ein wunderbares Fest. Und ist eins, das lebt und wärmt. Es ist ein Fest für Mütter und Kind, und auch für Väter. Es ist ein Fest für alle Menschheit. Es kommt über einen und legt sich warm und weich auf einen und duftet nach Tannen und Wachskerzen und Lebkuchenmännern und nach vielem, was es gab, und nach vielem, was es geben wird. Ich habe das Gefühl, dass man mit Weihnachten wachsen muss. Mir ist, als ob dann Barrikaden fallen, die man mühsam und kleinlich gegen so vieles und viele aufgebaut hat, als ob man weiter würde und das Gefäß allumfassender, auf dass darin jedes Jahr eine neue weiße Rose aufblühe und den andern zuwinkt und in sie hineinleuchtet und ihnen die Wange streicht mit ihrem Geschimmer und die Welt erfüllt mit Schönheit und Duft. Und das ist Leben, und ist ein Leben wie ein Gebet, ein frommes Gebet, ein jauchzendes Gebet, ein liebliches und lächelndes Gebet, welches immer tiefer hinabsteigt in den Sinn des Seins, dessen Auge größer wird und ernster, weil es viel gesehen. Und wenn es alles gesehen, das Letzte, dann darf es nicht mehr schauen, dann kommt der Tod. Und vielleicht versöh-

ne ich mich in diesem Sinne mit dem Tod, weil ich ihn ja auch einst leiden muss. Dann ist es besser so. – Ich freue mich darauf, wieder mit Ihnen zu sprechen. Sie hören so gut und freundlich zu und ich habe keine Scheu, die Dinge so zu nennen, wie sie in mir liegen.

Wir haben eine schöne grüne Weihnachtslaube im Wohnzimmer. Mein kleiner Bruder hat sie gebaut. Das ist ein schöner Winkel für Ihre Geschichten vom lieben Gott. Ich habe sie Milly unter den Weihnachtsbaum gelegt, und sie ist sehr froh und lässt Sie grüßen. Und ich grüße auch schön und freue mich auf Sie und über Sie. Sie sind dann in Berlin mein einzigstes Stück Worpswede und das ist viel. Es dunkelt. Ich sitze im Wesererker und lasse das Wasser unter mir vorbeigleiten. Sonst macht mich dies Wasser immer so traurig. Es ist so langsam und lautlos und geduldig und die langen Kähne liegen darauf, als weinten sie still. Und eigentlich weint sonst alles, was um das Wasser herumsteht, die großen roten Speicher und die kleinen weißen Häuser, und wenn sie sich im Wasser spiegeln, dann zittern sie und weinen noch mehr. Ich glaube aber, heute weinen sie nicht, denn es ist Weihnachten. Die Häuser weinen heute, glaube ich, nicht und das Wasser auch nicht, nur ist es still und alt und traurig und gut und lächelt nur selten und wie mit Schmerzen, denn das Leben hat es gelb und mürbe gemacht. Wie mein lieber Vater ist es. Dem war sein Leben auch zu schwer und der Tage zu viel, die die Lichtlein und Kerzen und Feuerbrände in ihm auslöschten. Ich muss Ihnen einmal etwas von ihm erzählen. Er ist einer, der mir den Gedanken gab, dass Altwerden schrecklich wäre. Nun glaube ich es aber doch nicht mehr. Leben Sie wohl. Ich muss abbrechen. Es war nur eine kurze stille Stunde, die mir blühte. Jetzt kommt wieder die Welt mit ihren Anforderungen. Da versuche ich denn auch, manche zu erfüllen, denn ich habe es ja so gut.

Ihre
Paula Becker

Paula Modersohn-Becker

(geb. 1876 in Dresden-Friedrichstadt – gest. 1907 in Worpswede) Die Malerin war eine bedeutende Vertreterin des frühen Expressionismus. Den Dichter Rilke lernte sie in der Künstlerkolonie in Worpswede kennen. In einem ihr gewidmeten Gedicht sprach er sie an als „Du blasses Kind“.

Barackenfeier

Damals lebten wir in einer Baracke mit Tarnanstrich, sieben Familien in sieben Räumen, und von den alten Jegelkas trennte uns nur eine Wand aus zerknittertem Packpapier. Wie eine Ansammlung von reglosen Schiffen lagen die Baracken in der verschneiten Ebene, leichte, hölzerne, transportable Bauwerke, kühn konzipiert von den Architekten des 20. Jahrhunderts, Gemeinschaftswasserleitung, Gemeinschaftstoilette, dazu von außen ein Tarnanstrich: weiße gezackte Zungen, dunkelgrüne hochschlagende Flammen, rostrote, ungleichschenkelige Dreiecke – gegen Sicht waren wir sehr gut geschützt. Nachdem die Feuerwerker verschwunden waren, die hier während der letzten Kriegsjahre getarnt an einer Mehrzweck-Mine gefeilt hatten, machten sie die Baracken zu einem Auffanglager, zweigten ein Rinnsal von dem großen Treck ab und ließen die Baracken einfach vollaufen, bis jeder Winkel ausgenutzt war. Auch Mama wurde hier aufgefangen wie all die andern, die das Trapez der Geschichte verfehlt hatten; wir erhielten einen der sieben Räume und dekorierten ihn mit den Sachen, die Mama während der ganzen Flucht mitgeschleppt hatte: Mit dem Elchgeweih, dem riesigen Küchenwecker und dem Vogelbauer, in dem sie jetzt Papiere aufbewahrte.

Wir hatten so viel zu tun, um satt zu werden, warm zu werden, daß wir uns um kein Datum kümmerten und wir hätten auch nichts von Weihnachten gemerkt, wenn nicht Fred zurückgekommen wäre aus dem Donezbecken. Nur weil sie ihn zu Weihnachten aus der Gefangenschaft entlassen hatten, wußten wir, daß es uns bevorstand; doch obwohl wir es nun wußten, erwähnten wir es nie, forschten nicht heimlich nach Wünschen, handelten nicht lieb hinterm Rücken. Fred machte sich ein Lager aus Zeitungspapier, deckte sich mit seiner erdgrauen Wattejacke zu und schlief Weihnachten entgegen, vier Tage und vier Nächte, während Mama und ich frierend herumgingen und verhalten mit den alten Jegelkas zankten, um für Fred Ruhe zu schaffen. Als uns der Heilige Abend ereilt hatte, war immer noch kein Wort über Weihnachten gefallen, doch jetzt stand Fred auf, hauchte die Eisblumen vom Fenster, blickte lange über die traurige Landschaft Schleswig-Holsteins und zu dem rötlichen Himmel über der Stadt; dann ging er hinaus, rasierte sich über dem Gemeinschaftsausguß, und als er zurückkam, sagte er: „Ich fahr mal in die Stadt rüber."

Gegen Mittag spürte ich, daß Mama mich am liebsten rausgeschickt hätte, doch sie sagte nichts, und da nahm ich mir einen der kratzigen Zuckersäcke, verschwand heimlich, stapfte durch den Schnee zum Bahndamm, stieg den Bahndamm hinauf, dort, wo die Steigung beginnt und die Züge langsamer fahren. Hinter einem Baum, einem harzverkrusteten Fichtenstamm, wartete ich. Es begann heftig zu schneien, und die Schienen blinkten matt in der Dämmerung. Ich trampelte, um die Füße warm zu bekommen, denn es war wichtig für den Sprung auf den fahrenden Zug; der Fuß mußte den Sprung kalkulieren, verantworten: Mit einem gefühllosen Fuß war man verraten wie der kleine Kakulka, der sich enorm verschätzte und es bezahlen mußte.

Den D-Zug, der wie ein Büffel durch das Schneetreiben donnerte, ließ ich in Ruhe, aber der Güterzug dann: Von weitem schon hörte ich ihn rattern, schlingern und ich kam hinter dem Baum hervor, machte mich fertig zum Sprung. Ich fühlte mich nicht sehr sicher, denn ich hatte kein verläßliches Gefühl im Sprungbein, doch ich war entschlossen, den Güterzug anzugreifen. Und da kam er heran: Eine schwarze, drohende Stirn, die durch das Schneegestöber stieß, die Lokomotive, der Tender, auf dem die Kohlen lagen, die uns Wärme bringen sollten an den Weihnachtstagen. Ich streckte die Hände aus, suchte nach dem Gestänge; in diesem Augenblick hörte ich den Ruf des Heizers, sah sein Gesicht oder vielmehr das Weiße seiner Augen, das Weiße seiner Zähne und ich entdeckte den gewaltigen Kohlenbrocken, den er über dem Kopf hielt und jetzt zu mir hinabschleuderte. Der Heizer wußte, daß wir manchmal an der Steigung des Bahndamms warteten, wenn die Kohlenzüge kamen: Diesmal hatte er auf uns gewartet. Ich schob den gewaltigen Brocken in den Zuckersack, rutschte den Bahndamm hinab, stapfte durch den Schnee zu den getarnten Baracken und blieb zwischen den Erlen stehen, als ein Schatten den Lehmweg herunterkam. Es war Fred. „Schnell“, sagte er, „ich kann nicht so lange draußen bleiben.“

Er zeigte auf eine Zigarrenkiste; der Deckel hatte eine Anzahl von Luftlöchern, und im Kasten kratzte und scharrte und flatterte es. Gemeinsam betraten wir die Baracke, schoben uns zu unserem Apartment.

„Woher kommst du?", fragte ich Fred. „Vom Schwarzen Markt", sagte er, „das ist eine sehr gute Einrichtung."

In unserm Raum hatte sich etwas verändert. Es war da eine ganz gewiße Verwandlung erfolgt. Auf einer Bierflasche steckte eine Kerze und das Elchgeweih, das Mama als wesentliches Fluchtgepäck mitgeschleppt hatte, war mit Tannengrün behängt. Auch an den Wänden hing Tannengrün, nur der Küchenwecker war nackt und ungeschmückt – vielleicht, weil man kein Tannengrün an ihm befestigen konnte. Aber es hatte sich noch mehr verändert und ich brauchte eine Weile, bis ich merkte, daß der Vogelbauer fehlte. „Wo ist denn der Käfig?", fragte Fred. „Hier", sagte Mama, und ließ uns in einen Topf blicken, in dem ein weißliches Stück Speck lag; „ich habe den Käfig eingetauscht gegen den Braten. Das ist mein Geschenk." „Und das ist mein Geschenk", sagte Fred und gab Mama die Zigarrenkiste, in der es kratzte und scharrte und flatterte. Vorsichtig öffnete Mama die Kiste, doch nicht vorsichtig genug; denn als sie den Deckel lüftete, schoß ein Dompfaff heraus, kurvte durch den Raum und ließ sich erschöpft auf dem Küchenwecker nieder. Jetzt wandten sich beide mir zu, blickten auf den Sack, forschend, räuberisch, und da erlöste ich sie aus der Ungewißheit und ließ mein dreißigpfündiges Geschenk herausplumpsen. Später zerschlug ich den Kohlebrocken mit dem Hammer. Wir heizten ein, daß der Kanonenofen glühte und das Packpapier, das uns von den alten Jegelkas trennte, zu knistern begann vor Hitze; und dann brachte Mama den geschmorten, glasigen Speck auf den Tisch: Schweigend aßen wir, mit fettigen Mündern: Nur unser Seufzen war zu hören, mit dem wir die Wärme in uns aufnahmen, ein tiefes, Neid erregendes Seufzen über die unermeßliche Wohltat, die uns geschah, und Fred zog seine erdbraune Wattejacke aus, ich den Marinepullover, so daß wir schließlich nur im Hemd dasitzen konnten – Winters in einer Baracke im Hemd! – und auch jetzt noch die Wärme spürten, die unsere Gesichter rötete, das Blut in den Fingern klopfen ließ. Und dies vor allem spüre ich, wenn ich an das Weihnachten von damals denke: Die erbeutete Wärme, und ich höre Mama sagen: „Daß sich keiner, ihr Lorbaße, unterstehen mecht', das Fensterche aufzumachen oder de Tier: den schmeiß ich eijenhändig raus, daß er Weihnachten haben kann mit de Fixe, pschakref."

Siegfried Lenz

(geb. 1926 in Lyck, Ostpreußen) Lenz ist einer der bekanntesten zeitgenössischen Erzähler. Er schreibt u. a. Romane, Novellen und Kinderbücher. Viele seiner Bücher wurden verfilmt („Die Deutschstunde", „Heimatmuseum"). Er erhielt für seine Arbeit zahlreiche Ehrungen.

Quellen

Andres, Stefan, Dörfliche Moselweihnacht, © Hans-Joachim Klapperich-Andres

Bodelschwingh, Friedrich von, „Danke schön, Christkind“ (Auszug), aus: Weihnachtserzählungen für Erwachsene, Heft 1, Verlagshandlung der Anstalt Bethel, Bethel bei Bielefeld 1953

Hesse, Hermann, „Weihnacht 1917“ (hier: Es gibt nur ein Glück), aus: Hermann Hesse, Sämtliche Werke in 20 Bänden. Herausgegeben von Volker Michels. Band 10: Die Gedichte. © Suhrkamp Verlag Frankfurt am Main 2002. Alle Rechte bei und vorbehalten durch Suhrkamp Verlag Berlin

Lenz, Siegfried, Barackenfeier, in: ders., Die Erzählungen, Copyright © 1959 by Hoffmann und Campe Verlag, Hamburg

Pakleppa, Fabienne: „Alle Jahre wieder“, aus: Brigitta Rambeck (Hrsg.), „Mein Weihnachten“, Buchendorfer Verlag GmbH, München, 2000

Pausewang, Gudrun, So feierten wir Weihnachten, © bei der Autorin